Jerome Fichtholz

AF176768

Für
Männer
Freundschaft

Wie Mann Freundschaften neu erlebt
inklusive: Free³-Modell

Bibliografische Information der Deutschen Nationalbibliothek:
Die Deutsche Nationalbibliothek verzeichnet diese Publikation in der Deutschen Nationalbibliografie; detaillierte bibliografische Daten sind im Internet über http://dnb.dnb.de abrufbar.

Lektorat: -
Korrektorat: -
weitere Mitwirkende: -

Herstellung und Verlag: BoD – Books on Demand, Norderstedt

ISBN: 978-3-7543-5297-7

Jerome Fichtholz

Für Männer Freundschaft

Inhaltsverzeichnis

Vorwort

Über das Buch

Der Blick schweift zurück in die alten Tage. Viele schöne Momente hast du gemeinsam mit deinem besten Freund erlebt. Doch diese Momente liegen schon eine Weile zurück. Kennst du dieses Gefühl? Es schmerzt, nicht wahr? Doch das muss nicht immer so sein.

Lagerfeuermomente [1], tiefergehende Gespräche, gemeinsame Aktivitäten, Powermomente. Wenn du dich nach diesen Erlebnissen sehnst, dann freut es mich das du dich für dieses Buch entschieden hast. Das Buch erzählt die Geschichte von Jerome und seinem Freundeskreis, dem harten Kern. Ich hoffe, dass dir dieses Buch anhand der Geschichte hilft, diese Momente für dich und deine Freunde erlebbar zu machen.

Außerhalb von Freundschaften und Familie, hat Jerome viel Demütigung, Erniedrigung und Enttäuschung erlebt, was ihn dazu motiviert und befähigt seine Beziehungen und Freundschaften zu pflegen und aufrecht zu erhalten.

Nach einem einleitenden Teil, wird auf das Free³-Modell eingegangen. Das Theoriemodell soll für die realitätsnahe Geschichte eine sinnvolle Ergänzung darstellen.

Anschließend wird das Erlebniswochenende des harten Kerns dargestellt. Am Schluss eines jeden

---

[1]   Der Lagerfeuermoment - so einfach und doch so tief. Dieser Begriff sollte nicht definiert, sondern erlebt werden. (eigene Definition)

Kapitels gibt es eine kurze Zusammenfassung mit einem kurzen praktischen Impuls.

Das Buch stellt eine Bestandsaufnahme dar, wenn auch über einen längeren Zeitraum. So konnten bis zum Veröffentlichungszeitpunkt nicht alle fortlaufend neugewonnen Erkenntnisse berücksichtigt werden.

Über unsere Freundschaft

Dieses Buch handelt von meinem besten und langjährigen Freund Jerome Fichtholz oder Jay, wie ich ihn nenne. Jerome kenne ich schon seit meiner Kindheit. Früher haben wir viel Zeit im Sandkasten und im Pool meiner Großeltern verbracht.

Die Zeit spielte jedoch gegen uns. Für einige Jahre verloren wir uns aus den Augen. Bereits im Kindergarten und später in der Schule gingen wir immer getrennte Wege. Erst durch die Jugendarbeit und die damit zusammenhängende Jugendleiterausbildung im Konfirmandenalter begegneten wir uns nun das erste Mal seit Jahren wieder. So blühte unsere alte Freundschaft neu auf. Neben den wöchentlichen Treffen, begannen wir uns außerhalb der Jugendleiterausbildung zu treffen. Zudem entdeckten wir beide in dieser Zeit das Fahrradfahren für uns. Die Liebe zum Fahrrad fahren, entdeckten wir jedoch nicht von Beginn an gemeinsam, denn Jerome fuhr bereits seit seinem 12 Lebensjahr BMX.

Egal ob Freundin, Studium oder Beruf, dass Radfahren hat uns immer wieder zusammengebracht, beziehungsweise seit diesem Zeitpunkt eigentlich nie wieder auseinander. Mal gibt es Zeiten, in denen wir uns kaum sehen und dann gibt es Zeiten in den wir uns zweimal wöchentlich treffen.

Aber wer ist er den nun wirklich, dieser Jerome? Fahrrad fahren kann er schonmal. Doch was macht ihn aus, dass dieses Buch von ihm handelt. Wie aus dem Titel bereits zu entnehmen ist, geht es um Männer. Jerome ist mit Sicherheit so einer, ein ganz besonderer sogar, aber dazu später mehr. Es geht um weitaus mehr als nur um. Es geht um Freundschaften und Beziehungen – um Männerfreundschaften. In unserer heutigen Zeit ist das Thema Männerfreundschaft schon fast zu ein Tabuthema geworden oder es wird mit dem Thema Homo-Freundschaft, bzw. gleichgeschlechtlichen Ehe in Verbindung gebracht. Davon ist in diesem Buch nicht die Rede. Auch wenn dieses Buch von Männerfreundschaften handelt, können die Themen, Ideen und Beispiele für jede Art von Freundschaft und Beziehung ihr Anwendung finden.

Gute Männerfreundschaften sind unbezahlbar. Ich habe zwar noch viele andere Freunde und Bekannte und darunter auch noch ein paar wirklich gute Freunde. Doch die Beziehung zu meinem Freund Jerome ist etwas ganz Besonderes. So wie ich Jerome kenne, würde er wohl auch sagen, dass man nur einen richtig guten Freund braucht und genau diesen sehe ich auch in ihm. Vor ein paar Meinungsverschiedenheiten sollte man nicht zurückschrecken, sondern lernen mit diesen wertachtend umzugehen.

Mein Name ist Johannes Frei und ich wünsche Dir viel Spaß beim Lesen.

Kleingedrucktes

Da sich das Buch vorrangig an Männer richtet, kann es Spuren von maskulinen Verhaltensweisen enthalten. Es wurde auf eine gendergerechte Schreibweise verzichtet, ohne den Gedanken jemanden zu verletzten oder auszuschließen.

Das Buch ist keine wissenschaftliche Ausarbeitung und auch kein christlicher beziehungsweise theologischer Wegweiser. Ein menschliches Wesen teilt auf diesem Wege einfach nur seine Gedanken. Diese Gedanken sollen andere Menschen ermutigen das Thema Beziehung zu leben, sowie körperliche und mentale Freiheit zu erlangen. Ergänzend dazu möchte sich sagen, dass sich wahre Freiheit nur bei Gott finden lässt. [2]

---

[2] 2. Korinther 3:17

1 Wie alles begann

Um nachzuvollziehen, wie alles begann, werde ich zunächst einmal die Freundschaftsverhältnisse darlegen. Da dieses Buch von Freundschaften handelt, wird nicht nur Jeromes Persönlichkeit zum Tragen kommen, sondern auch seine Freunde. Zu den weiteren Persönlichkeiten zählt unter anderem unser gemeinsamer Freund Klaus. Klaus war derjenige der, diese Idee von einem gemeinsamen Wochenende hatte. Er unterbereitete diese Idee Jerome. Diese Idee brauchte Jerome zum Nachdenken. Wie Klaus konnte sich Jerome mit dieser Idee identifizieren. Dazu muss man wissen, dass Klaus der kreative Kopf der Gruppe [3] ist und Jerome hingegen ist eine strukturierte Persönlichkeit. Beide wollen sie durch ihr Handeln nachhaltig etwas bewirken. Keiner von beiden hätte das Wochenende in dieser Form alleine auf die Beine stellen können. Es bedarf dem anfänglichen Impuls und der Idee genauso wie der anschließenden Umsetzung.

Alles begann ganz harmlos bei einem gemeinsamen Treffen, in dem Klaus Jerome seine Idee offenbarte. Während Klaus es sich bei diesem gemeinsamen Treffen auf dem Sofa gemütlich machte, vertiefte sich Jerome bereits in Klaus seiner Idee. Jerome konnte sich bereits die ersten Gedanken bildlich vorstellen.

---

[3] Eine Gruppe kann etwas weniger Gemeinsamkeiten als eine Gemeinschaft aufweisen. Sie besteht häufig auch aus rein organisatorischen Gründen.
Vgl. https://de.wikipedia.org/wiki/Soziale_Gruppe
Einsichtnahme: 06.01.2021)

So fragten sich die beiden wie es wohl wäre, nach all den Jahren, mit unserem alten Freundschaftskreis, dem harten Kern, für ein Wochenende gemeinsam Wandern zu gehen. Einfach mal raus in die Natur, in die Berge – die Gemeinschaft[4] genießen. Wie bereits erläutert ist Klaus in der Regel derjenige in unserer Gruppe, der neue und kreative Ideen beisteuert. Jerome ist hingegen derjenige, der jede Idee kritisch hinterfragt und das Ganze mit einem gewissen Abstand betrachtet. Dennoch ist er gegenüber neuen Ideen sehr aufgeschlossen und malt sich bereits im Vorfeld aus.

Es sollte mehr sein als nur ein Wochenende. Wer jetzt an ein Wochenende auf dem Ballermann mit Saufgelage denkt, der hat weit gefehlt. Jerome konnte mit dem Alkohol und den leichtbekleideten Frauen bis zum heutigen Tage sowie nichts anfangen. Einige solche Punkte machen Jerome zu einer speziellen Persönlichkeit. Nie wirklich hat er es jemand erzählt, aber was ihn schon lange und bis heute bewegte, ist das Thema Gemeinschaft. Es geht ihm um die Gemeinschaft unter- und miteinander. Egal ob in der Familie, im Freundeskreis, im Sport, in der Gemeinde oder auf Veranstaltungen.

Immer seltener wandte er sich allzu stark dem

---

[4] Eine Gemeinschaft ist eine Gruppe. Diese Begriffe werden oftmals als Synonyme verwendet werden. Mit dem einzigen Unterschied, dass die Gemeinschaft enger verbunden ist und mehr sich durch mehr Zusammenhalt auszeichnet.
Vgl. https://de.wikipedia.org/wiki/Gemeinschaft (Einsichtnahme: 06.01.2021)

Smalltalk hin. Jerome war selten und ist heute noch viel weniger, der Freund von belanglosen Gesprächen. Viel lieber vertieft er sich in Vieraugengespräche, die inhaltlich tiefergehen und wertvolle Momente schenken. Er wollte schon immer etwas bewegen, wenn auch nur im Kleinen – so auch an diesem besagten Wochenende.

Jerome ist sportlich ambitioniert und ist durchaus strapazierfähig. Zumindest sollte er, der alte Turner einer der kräftigsten unter uns sein. Und nun sollte unsere Sportskanone dieses Wander-Wochenende mitgestalten. Das könnte für manche ein Problem darstellen, da nicht allen so fit waren wie Jerome und eine gewisse Grundausdauer nicht nachweisen konnten. Den nicht jeder vom harten Kern setzte sich rund ein bis zwei Mal die Woche aufs Rad und macht zusätzlich noch ein paar Klimmzüge unter freiem Himmelszelt.

Für solch einem Wochenende bedarf es grundsätzlich nicht viel, nicht viel Geld und nicht viel Zeit. Das war die Voraussetzung, da vom harten Kern alle mitkommen sollten. So beschlossen die beiden dieses Vorhaben zeitlich auf ein Wochenende zu beschränken. Klar war jedoch das wir raus mussten - raus an die frische Luft und zwar allesamt. Argvielmehr bedarf es einem solchen Männerfreundschafts-Wochenende eigentlich nicht.

Zusammenfassung

Die Sehnsucht ruft nach einer Männerfreundschaft. Es ist egal ob du keine tiefergehende Männerfreundschaft hast oder deine bestehende Freundschaft nicht deinen Vorstellungen entspricht.

Wenn diese Sehnsucht in dir steckt, dann schnapp dir deine Freunde. Zuvor planst du als Kopf der Gruppe, ein gemeinsames Wochenende oder gar eine ganze Woche. Dabei darfst du ruhig kreativ sein, bitte beachte dabei die nachfolgend in diesem Buch dargelegte Punkte.

Praxis

Nun fragst du dich vielleicht, warum du der Kopf der Gruppe oder der Verantwortliche in eurer Freundschaft bist. Ganz einfach, wenn du die Verantwortung nicht an dich nimmst, dann wird es niemand tun. Hätte bereits ein Freund die Verantwortung für eure Freundschaft übernommen, dann würdest du vermutlich nicht dieses Buch lesen, zumindest nicht als erster von euch. Wenn du deine Männerfreundschaft bereits gefunden hast und damit zufrieden bist, dann gratuliere ich dir ganz herzlich, denn eine solche Freundschaft ist rar und verdient eine besondere Wertschätzung. Umso mehr freut es mich, dass du dieses Buch liest, um dich weiterhin neu inspirieren zu lassen.

2   Pauls Garten

Wie bereits beschrieben ist der überwiegende Teil des harten Kerns, darunter auch unser Kumpel Paul, nicht ganz so sportaffin wie Jerome. Paul ist eine sehr humorvolle und liebenswürdige Persönlichkeit. In unserer Jugend verbrachten wir viel Zeit miteinander. Während seiner Schulzeit knüpfte er zu einigen Klassenkamerad/innen gute Beziehungen. Von besonderer Prägung schien die Zeit rund um das Abitur gewesen zu sein. Viele Abende, die sich oftmals zu langen Nächten entpuppten, sind bis heute in bester Erinnerung geblieben. All diese Momente und Erinnerungen hatten wir Paul und dem Gartengrundstück seines Vaters zu verdanken. Dieses einzigartige Gefühl ein Teil von Pauls Garten(-party) zu sein, war einfach unbeschreiblich. Meist lief Musik, manchmal war die Stimmung sehr lebendig, manchmal gedrückt, oft aber auch ruhig und andächtig, ja fast schon demütig. Wie oft habe ich es gemeinsam mit meinem Kumpel Chris und dem Alkohol übertrieben. Wie oft hat uns Jay im Anschluss an den langen Abend nach Hause gebracht. Obwohl er es nicht allzu gern gesehen hat, dass wir uns die Kante geben, hat er und trotzdem immer anstandslos nach Hause gebracht.

Nicht nur wir ließen uns hin und wieder vom Rausch des Alkohols mitreisen. Viele von Pauls Schulkollegen lebten und liebten scheinbar den Rausch des Alkohols. Es schien für viele eine Art der Freiheit zu sein. Hin und wieder merkte man, dass die Partys aus dem Ruder liefen. So kam es vor, dass sich ein Bekannter von uns eines Nachts in der Dunkelheit in voller Bekleidung, bis zur

Hüfte im Teich versenkte.

Zu Beginn war alles noch viel kleiner, oftmals konnte man die Besucher an ein, bis maximal zwei Händen abzählen. Zu vielen entwickelte sich in dieser Zeit auch ein guter Draht. Doch mit der Zeit, in der vor allem Pauls Abitur näher rückte, kamen immer mehr Leute. Jerome kam teilweise schon gar nicht mehr, weil es ihm zu viel war. Zu viel Trubel, zu viel Alkohol, zu viel unterschwellige Gespräche, zu viel oberflächliche Leute. Doch bevor das Ganze schlussendlich eskalierte, darf nicht vergessen werden, dass es auch Nächte gab in denen man bei ruhigen Gesprächen und entsprechend guter Witterung, entspannt die Sterne am geschmückten Himmelszelt bewundern konnte. Hin und wieder sah man auch ein Flugzeug vorbeifliegen und in den seltensten Fällen auch eine Sternschnuppe. All das und noch vieles mehr, fand über einige Zeit in „Pauls Garten" statt.

Warum erzähle ich dir diese Geschichte. Es ist wohl die einfachste und bildlichste Weise, Paul als Person, sowie das Zusammenwachsen des harten Kernes zu beschreiben. Natürlich haben wir uns alle verändert, aber diese Zeit lebt noch bis heute in einigen von uns. Der harte Kern hatte wohl in der Zeit von Pauls Garten einen seiner Höhepunkte. Selten haben wir mehr Zeit miteinander verbracht, bis auf zwei Jugendfreizeiten am Lago Maggiore. Diese waren sehr dienlich für unsere Freundschaft und sind bis heute in guter Erinnerung geblieben.

Später komme ich nochmal auf Jana zu sprechen. Auch sie war häufig in Pauls Garten. An dieser Stelle kann man sagen, dass sie mit einigen von uns sehr gut befreundet war und ich sie daher wie wenig andere Personen als Freundin des harten Kerns, bzw. zeitweise auch als Teil des harten Kerns bezeichnen würde. Nur noch wenige von uns sind bis heute gut mit ihr befreundet. Doch Umstände ändern sich, Situationen verändern Leben und Freundschaften. So passierte es, dass sich Jana vom harten Kern als Gruppe, als auch zu einem Großteil von jedem einzelnen von uns, von Zeit zu Zeit trennte. Das ist ein Stückweit Teil des Lebens – Teil des Spiels – Spiel des Lebens. So ist es in vielen Freundschaften, egal ob es sich um eine innige Zweierbeziehung oder um eine Gemeinschaft handelt, irgendwann kann die Freundschaft auseinandergehen und wird beendet. So wie vieles im Leben einen Anfang hat, hat vieles auch ein Ende. Das ist jedoch nicht alles, denn zwischen Anfang und Ende wird die Geschichte geschrieben. Beziehungen wachsen, Freundschaften wachsen und blühen auf, sie verändern sich. Momente und Erinnerungen prägen das Leben, sie machen es zu unserem Leben, denn sie sind ein Teil davon.

Die meisten von uns kannten sich bereits seit der Kindheit, jedoch nur wenige von uns waren im engen Kontakt miteinander. Während der Kindheit und Schulzeit haben sich viele gute zweier Freundschaften entwickelt. Leider verliefen davon ein paar Freundschaften im Laufe der Zeit wieder. So war die Jugendleiterausbildung ein Zusammentreffen, welches unsere Zukunft verändern sollte. Über diesen längeren Zeitraum von nicht nur ein paar Wochen und Monaten, sondern Jahren, bildeten sich sehr gute und enge Freundschaften.

Aus diesen gewachsenen Freundschaften und später die Zeit in Pauls Garten, entwickelte sich der sogenannte harte Kern.

Die anderen Mitglieder[5] des harten Kerns, werden dir im Laufe des Buches vorgestellt. Wichtig für die Story[6] ist, dass viele Themen und Beziehungen auf eben genau dieser Zeit in Pauls Garten beruhen.

Zusammenfassung

Erkenne deine Freundschaften mit den gewachsenen Strukturen. Nicht alle starten mit der gleichen Ausgangssituation, daher musst du deine Freunde in ihrer jeweiligen Situation abholen. Freundschaften sind dynamisch.

Praxis

Du hast mit deinem Freund noch nicht so viele und vor allem intensive Erlebnisse gehabt? Dann ist es jetzt an der Zeit diese Momente zu erleben. Erkenne die Situationen und nehme die Individuen aus deinem Freundeskreis wahr. Handle anschließend bedarfsgerecht.

---

[5] Ein Mitglied ist ein Individuum, welches sich in einer Gemeinschaft nicht aufgibt, aber dennoch Teil der Gemeinschaft ist.
Vgl. https://www.duden.de/rechtschreibung/Mitglied
(Einsichtnahme: 06.01.2021)
Vgl. https://www.dwds.de/wb/Mitglied
(Einsichtnahme: 06.01.2021)
Vgl. https://de.wikipedia.org/wiki/Mitglied
(Einsichtnahme: 06.01.2021)

[6] Übersetzung wortgetreu: Geschichte

3 Das Free³-Modell

In diesem Abschnitt möchte ich dir das Free³-Modell vorstellen. Dieses Free³-Modell besteht aus zwei separaten Modellen, die in einem dritten Modell einander fließen. Jedes der Modelle hat zwei bis drei Zonen, Phasen oder Stufen. Da die einzelnen Modelle und Vorgehensweisen für Jerome von sehr hoher Bedeutung sind, ist dieses Kapital das umfangreichste Kapitel und teilt sich daher in mehrere Abschnitte auf.

Um das Modell besser verdeutlichen zu können sind diese etwas visueller ausgestaltet. Neben diesem Grundaufbau der Modelle, soll auch dargestellt werden, wie diese Modelle auf einzelne Individuen ihre Anwendung finden können. Zudem wird beschrieben, wie dieses Modell in der Gruppe funktionieren kann und seine Anwendung findet. Das Ganze wird anhand von Beispielen dargestellt. Das große Gesamtbeispiel wird jedoch über den Verlauf des gesamten Buches wiedergegeben – der harte Kern auf dem Männerwochenende. In diesem sind die einzelnen Modelle und Vorgehensweise immer wieder zu erkennen. Darüber hinaus wird zu ein paar gesellschaftsrelevanten Themen Stellung genommen.

Um das Hauptmodell, dass 3-Stufen-Modell der Beziehungsebenen darstellen zu können, werden zunächst die ersten beiden Modelle präsentiert. Diese beiden Modelle münden dann zusammen in das 3-Stufen-Modell der Beziehungsebenen.

3.1 Das Komfortzonenmodell

Das Komfortzonenmodell nach Jerome[7]

Das erste Modell, dass ich dir vorstellen darf, behandelt das Thema Komfortzonen. Jerome unterscheidet bei diesem Modell grundlegend in zwei Komfortzonen, die Standard Komfortzone und die Erweiterte Komfortzone. Darüber hinaus wird das Modell um die beiden Gruppen Komfortzonen erweitert, welche die jeweils beiden Singulären Zonen (Standard und Erweiterte Komfortzone) umschließen. Jerome geht im Regelfall davon aus, dass ein Individuum, welches sich zu einer Gruppe zugehörig fühlt, sich bereits automatisch jeweils in der Gruppen Komfortzone befindet. Je nach Gruppe und je nach Individuum, kann es Abweichungen von diesem Modell geben.

Um in die später genannte 2. und 3. Stufe, des dritten Modelles zu kommen, muss die Hürde überwunden werden. Die Überwindung bezieht sich auf Hürde zwischen der Standard Komfortzone und der Erweitere Komfortzone. So muss es dem Individuum gelingen von der Standard Komfortzone in die Erweiterte Komfortzone zu gelangen.

---

[7] Das bereits Komfortzonenmodelle existieren, ist dem Autor bewusst. Vom Grundaufbau orientiert sich das Modell, an den bereits existierenden Modelle. So stammt diese Urform des Modells nicht vom Autor. Der Urvater dieses Modells konnte mangels Auffindbarkeit, durch Recherche nicht zitiert werden. Hingegen der aus dem Internet bekannten Modelle unterscheidet sich dieses in der Struktur komplett zu den bereits existierenden Modellen. Dieses neue Modell stammt vom Autor, bzw. seinem Schöpfer.

Das Komfortzonenmodell

Abbildung 1: *Das Komfortzonenmodell*

Standardkomfortzonen

Der innerste Bereich stellt die Singuläre Standard Komfortzone (SSK) dar. Der darum liegende Bereich stellt die Standard Gruppen Komfortzone (SGK) dar. Dieser Bereich ist nicht einheitlich und kann von Individuum zu Individuum und von Gruppe zu Gruppe sehr unterschiedlich ausfallen.

Die einen fühlen sich in ihrer Standard

Komfortzone wohl, wenn sie sich in den eigenen vier Wänden aufhalten, wenn sie wie gewohnt zur Arbeit gehen können und wie gewohnt Einkaufen gehen können. Andere fühlen sich hingegen in ihrer Standard Komfortzone wohl, wenn sie jeden Tag unzählige wichtige Calls und Meetings im Kalender stehen haben, wenn sie auf Grund ihres Berufs jeden Tag in einem anderen Bett übernachten und den Großteil ihrer Lebenszeit am Handy, in Warteschlangen, im Flugzeug und möglichst weit von zu Hause weg verbringen. Wieder andere fühlen sich in ihrer Standard Komfortzone wohl, wenn sie Sport machen können, wenn sie am Feierabend noch einen Halbmarathon in der Natur laufen können, wenn sie Zeit mit ihrer Familie verbringen können, Eltern und Freunde besuchen dürfen oder Zeit zum Lesen und Backen haben.

Diese Beispiele zeigen auf, dass jeder Mensch anders ist und sich daher auch in unterschiedlich ausgeprägten Komfortzonen bewegt. Diese Diversität soll jedoch nicht wertend dargestellt werden, sie soll lediglich aufzeigen wie mannigfaltig die Menschheit ist.

Diese Beispiele verdeutlichen die Standard Komfortzone, insbesondere jedoch die SSK, in der wir uns größtenteils täglich unterbewusst bewegen. Die SGK beheimatet die gleichen Themen wie die SSK, nur dass sie in der Gruppe stattfinden. Wie sich dieses Szenario in der Gruppe verhält, wird im Unterkapitel „Unterschied zwischen den Singulären und den Gruppen Komfortzonen" dargestellt.

Erweiterte Komfortzonen

Die beiden Erweiterten Komfortzonen sind im Schaubild die beiden äußeren Zonen. Die innere dieser beiden Zonen, stellt die Singuläre Erweitere Komfortzone (SEK) dar. Die äußerste Zone stellt die Erweiterte Gruppen Komfortzone (EGK) dar.

Warum heißt diese Zone Erweiterte Komfortzone und nicht beispielsweise Wachstums-, Lern oder Angstzone, wie in anderen Modellen. Weil sich Jerome bewusst dazu entschieden hat, dass die Zone nicht abschrecken soll. Diese Zone soll nicht nur nicht abschrecken, sondern diese Zone soll sich zu einer Komfortzone entwickeln. In der man seine Grenzen austestet und über seinen gewöhnlichen Bereich hinaus agiert. Durch Disziplin und Training wird dieser Bereich zu einer Komfortzone, in der man Spaß und Freude im vermeintlich Extremen findet. Daher der Name und die Idee, der Erweiterten Komfortzone.

Wenn die Schwelle zur erweiterten Komfortzone überwunden wurde, dann können unterschiedliche Gefühle, zum Begleiter in dieser Zone werden. Besonders der Anfang kann einem mühselig und schwerfällig vorkommen. Je nach Persönlichkeit, kann in dieser Zone sogar sehr schnell, Spaß und Freude empfunden werden. Der Fokus liegt zu 100 % auf der aktuellen Aktivität, dabei sollte einen so wenig wie möglich ablenken. Manche werden in dieser Zone sogar in eine Form der Ektase kommen. Warum sollte man sich aber in diese Zone begeben. Neben der Möglichkeit die Stufe zwei und drei des dritten Modells erleben zu können, wird man von Glücksgefühlen überschüttet. Wenn man eine Zeit lang durch die erweiterte Komfortzone geht, dann kann man schlussendlich sein Ziel erreichen.

Die erweiterte Komfortzone kann beispielweise aus einer sportlichen Aktivität, insbesondere einer ausdauerlastigen Aktivität bestehen. Bei dieser Aktivität sendet der Körper dem Gehirn Signale. Diese Signale können beispielsweise dann gesendet werden, wenn der Muskel zu macht, die Muskulatur übersäuert ist oder einen ein erschöpfendes Gefühl überkommt. Es können ebenfalls verschiedene Körperteile beginnen zu schmerzen, zu zittern, Fußblasen können sich bilden oder die Schmerzen der Schürfwunden halten weiter an. Neben diesen körperlichen Beschwerden können einem in diesem Punkt ebenfalls geistige Belange treffen. Darunter fallen beispielsweise Momente, in denen man sich verlaufen hat und nicht weiß, wann und wie man wieder auf den richtigen Weg zurückkommt.

Nachfolgendes Beispiel zeigt auf wie innere Zweifel hervorgerufen werden können. Angenommen die persönliche Obergrenze von einer Laufstrecke beträgt bisher 50 km. Nun ist diese 50 km Marke noch um weitere 10 oder gar 20 km zu überschreiten. Der Gedanke daran, diese Hürde zu erreichen, zu überschreiten und gegebenenfalls sogar zu überstrapazieren, kann durchaus innere Zweifel hervorrufen.

Es können einen auch Gefühle bestimmter Bedürfnisse durchdringen wie Hunger oder Durst. Natürlich können einen auch mehrere Belange zur gleichen Zeit treffen. So ringt man körperlich als auch geistig mit sich. In solch einer Situation kann eine dritte Person hilfreich sein. Daher liegt die EGK noch etwas weiter außen, als die SEK.

Differenzierung der Komfortzonen

Die Differenzierung der Singulären und der Gruppen Komfortzonen. Der Unterschied zwischen den Standard Komfortzonen ist anlag zu dem der Erweiterten Komfortzonen.

Lass mich dir anhand eines Beispiels den Unterschied zwischen der Singulären Komfortzone und der Gruppen Komfortzone erklären. Ein bekanntes Beispiel hierfür ist der Sport. Einige wenige schaffen es alleine, etwa genauso viel zu trainieren wie es anderen nur in der Gruppe gelingt. Wie kann das sein. Jerome ist der Meinung, dass die einzige Motivation die der Mensch, vor allem auf Dauer hat, ist die intrinsische Motivation. Er geht davon aus, dass die intrinsische Motivation auf lange Sicht, die höchste Motivation bietet. Durch diese höchste Form der Motivation, ist es möglich am meisten zu leisten und damit auch die besten Ergebnisse zu erzielen. Die intrinsische Motivation kann dem natürlichen Lauf nach Tiefs mit sich ziehen, aber sie wird niemals gänzlich abstürzten. Sie wird immer wieder zu ihren Hochs zurückkehren. Das gilt nicht für den Sport oder unsere Beziehungen, sondern für alle Bereiche unseres Lebens.

Jerome geht davon aus, dass sich zumindest auf Dauer die extrinsische Motivation nicht bewährt, da kein tatsächliches Motiv vorliegt. Kurzfristig scheint jedoch für viele, eine deutlich höhere Motivation möglich zu sein.

Was hat die extrinsische Motivation mit unserem Vergleich zu tun. Da die Gruppendynamik häufig von extrinsischen Faktoren geprägt ist, spielt diese Motivation in den Gruppen Komfortzonen eine tragende Rolle.

Aus dem bisherigen Beispiel haben wir erfahren, dass einige, wenige in der Singulären Komfortzone in der Lage sind, gleiche oder gar bessere Ergebnisse zu erzielen. Denn eine Gruppe muss sich nicht zwingend positiv auf die Motivation auswirken. So kann eine Gruppe, den eigenen, inneren Rhythmus stören, was zu einer Leistungsminderung führt.

Die meisten Menschen meinen zumindest, dass sie sich nur in einer Gruppe zum Sport motivieren können. Genau kann es Jerome nicht sagen, aber vermutlich haben diese Menschen nicht genügend intrinsische Motivation. Ansonsten wären diese Menschen angeblich nicht in der Lage alleine Sport zu machen, da die intrinsische Motivation beziehungsweise der Eigenantrieb fehlt.

Mental starke Persönlichkeiten, lassen sich von äußeren Einflüssen und Umständen wenig beeinflussen. Da ihre intrinsische Motivation höher ist als die äußeren Einflüsse, werden diese Menschen nicht von ihren Umständen ausgebremst.

Zusammengefasst gilt folgendes:

Singulären Komfortzonen: diese Zone bietet viele Möglichkeit, sie zudem selbstbestimmter, etwas egoistischer, dafür aber auch etwas freier.

Gruppen Komfortzonen: macht viele Menschen, mehr möglich, da sie nicht allein sind. Gemeinschaftsgefühle, mitanderer, dass bietet nur diese Zone.

Spannweite der Komfortzonen

Unterschiedliche Persönlichkeiten besitzen unterschiedliche Komfortzonen. Über die unterschiedlichen Persönlichkeiten soll keine Wertung abgegeben werden. Es soll lediglich dargestellt werden, dass es unterschiedliche Personen gibt, die unterschiedliche Komfortzonen innehaben. Wichtig ist auch, dass ein Jeder verschiedene Komfortzonen für die verschiedenen Lebensbereiche hat. So kann es vorkommen, dass ein Individuum versucht in allen Lebensbereichen gleich auf zu sein. Dann gibt es andere, deren Stärken in einzelnen wenigen Bereichen liegen und die dafür in den anderen Bereichen weniger positioniert sind. So gibt es unter anderem für die Bereiche Outdoor, Natur, Fitness und Ausdauer unterschiedlich ausgeprägte Komfortzonen. Je ausgeprägter, desto größer und je weniger beansprucht, desto kleiner die Komfortzonen. Zum Beispiel sollte bei der Gemeinschaftsaktivität darauf geachtet werden, dass ein gemeinsamer Weg gefunden wird, auf dem jedes Individuum seine Standard Komfortzone kennenlernt. Nur durch das Erfahren und Spüren diese Komfortzone ist es in Folge dessen möglich, über diese Grenzen hinaus bewusst zu agiert. Dies ist nur möglich, wenn sich das Individuum innerhalb der Standard Komfortzone bewegt und seine Grenze zur Erweiterten Komfortzone kennen lernt. Kennt das Individuum seine Grenze nicht, dann sollte es immer wieder austesten, wo eine Grenze ist, um diese Grenze später bewusst zu überwinden.

Hinweis: Wir sprechen hier von Komfortzonen,

damit ist überwiegend der Alltagstrott und die Bequemlichkeit gemeint. Risiko oder Dummheiten einzugehen, ist damit nicht gemeint, denn das ist nicht im Sinne des Autors.

Komfortzonen erkennen und überwinden

Wie erkenne ich die Grenzen der Komfortzonen? In der Regel ist das nicht allzu schwer. Wenn einem selbst, bestimmte Gedanken durch den Kopf gehen, dann kann das ein Hinweis dafür sein, dass man gerade seine Grenze erreicht hat. Diese bestimmten Gedanken können beispielweise wie folgt aussehen. Ich kann nicht mehr, ich will nicht mehr, mein Bein tut, ich bin gestern schon so lange unterwegs gewesen, ich fühle mich nicht gut, ich habe nicht gut geschlafen, ich habe zu wenig geschlafen, mein Rücken tut weh oder immer bin ich der Letzte. Stoßen einem solche Gedanken in den Sinn, dann ist das ein möglicher Hinweis darauf, dass man an seine Grenze gestoßen ist. Diese Grenze ist in der Regel eine mentale Grenze, die wir uns gesetzt haben. Dabei dürfen wir uns bewusst machen, dass wir uns diese Grenze in der Regel selbst gesetzt haben. Es spielt dabei keine Rolle ob wir diese Grenze durch äußere Einflüsse oder auf Grund unserer Einstellung festgesetzt haben.

Selbst wenn unser Köper nein zu etwas sagt oder gar aufgeben möchte, dann bleibt in der Regel immer noch Spielraum für die Erweiterte Komfortzone. Es gibt wohl noch unzählige Beispiele, an denen man die Grenzen oder Hürden erkennen kann. Diese Beispiele sollen verdeutlichen, dass es unterschiedliche Persönlichkeiten gibt und aufzeigen wie stark sich Personen doch unterscheiden können.

Wenn diese Grenzen bewusst wahrgenommen werden, dann könne diese auch bewusst überwunden werden, wenn man nur will. Es gibt viele gute Gründe diese Hürden zu überwinden, um anschließend die Erlebnisse in der Erweiterten Komfortzone erleben und wahrnehmen zu können.

Zusammenfassung

Jeder Mensch ist eine individuelle Persönlichkeit und hat damit einhergehend auch individuelle Komfortzonen. Verstehe die Komfortzonen und lerne diese kennen. Erkenne und respektiere die Komfortzonen gegenüber dir selbst und deinen Freunden.

Praxis

Nimm dich und deine Freunde bewusst aus der Standardkomfortzone heraus. Überwindet euch, probiert neues, bitte übertreibt es nichts und handelt mit Verstand. Erlebt und spürt diese Momente, nehmt sie als ein Geschenk der Gegenwart wahr.

3.2 Das 3-Phasen-Modell

Das 3-Phasen-Modell - mental frei durch körperliche Ertüchtigung

Das zweite Modelle das ich nun vorstellen darf, ist das 3-Phasen-Modell – mental frei durch körperliche Ertüchtigung.

Wie es der Name des Modells bereits beschreibt, besteht dieses Modell aus drei Phasen. Wie sich die einzelnen Phasen zusammensetzten und wie diese aufeinander aufbauen, wird in den folgenden Abschnitten dargestellt.

Vorweggenommen darf gesagt werden, dass dieses Modell mit einer körperlichen Betätigung einhergeht, welche in einer körperlichen Ertüchtigung endet. Was eingangs noch wichtig zu wissen ist, dass Jerome dieses 3-Phasen-Modell bereits unzählige Male alleine durchgeführt hat. Dies gibt ihm viel Kraft und Energie, sowie Klarheit und Freiheit für den Alltag. Dieses Modell geht grundsätzlich von der Durchführung mit einer Einzelperson aus. Es empfiehlt sich also dieses Modell auch mal alleine durchzuführen. Es spricht jedoch nichts gegen die gemeinsame Durchführung mehrerer Individuen. Vor allem im Zusammenhang mit dem 3-Stufen-Modell, findet das 3-Phasen-Modell in der Gruppe seine Anwendung. Da es unterschiedliche Modelle sind, lassen sich diese nicht vergleichen. Das 3-Phasen-Modell empfiehlt sich dennoch für einen ganz persönlich, um mental frei zu werden. Das 3-Stufen-Modell dient hingegen dazu, in der Gemeinschaft auf einen gemeinsame, höhere und intensiviere Ebene zu gelangen.

Das 3-Phasen-Modell - mental frei durch körperliche Ertüchtigung

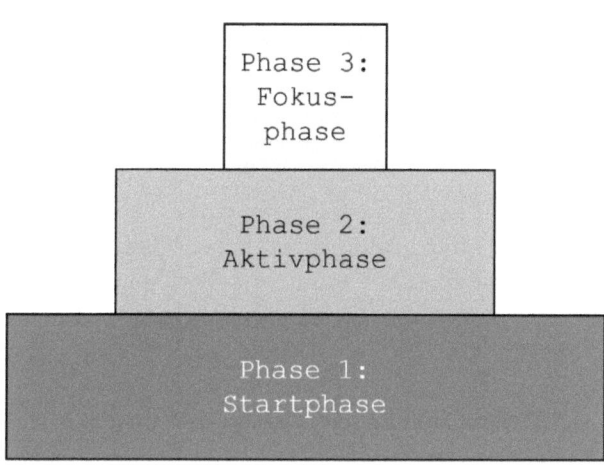

Abbildung 2: Das 3-Phasen-Modell - Frei durch Ertüchtigung

Ausgangssituation

Alles beginnt in der Startphase, der Phase 1. Das Individuum befindet sich in der Ausgangssituation, in einem beliebigen Zustand. Es spielt dabei tatsächlich keine Rolle, ob sich die Person in einem neutralen oder emotionalen Zustand befindet. Dieses 3-Phasen-Modell eignet sich auch für Situationen, in denen man sich durch seine Emotionen gefangen fühlt und sich von diesen befreien möchte. Denn dieses Modell es hilft einem, Freiheit, darunter auch emotionale Freiheit zu erlangen.

Wie eingangs bereits erläutert beruht dieses

Modell auf einer körperlichen Betätigung. Sicherlich gibt es auch andere Möglichkeiten um das Ziel - der mentalen Freiheit zu erlangen. Jedoch bevorzugt und empfiehlt Jerome die Möglichkeit der körperlichen Aktivität. Sicher mag diese Vorgehensweise nicht für Jeden das Optimum sein, dennoch ist es ein empfehlenswertes Erlebnis. Ein weiterer wichtiger Hinweis ist, dass dieser finale Zustand der mentalen Freiheit nicht immer Auftritt oder auch nicht immer in gleichem Maße erscheint. Man darf nicht enttäuscht sein, wenn es die ersten Male nicht so klappt, wie man es sich vielleicht vorgestellt hatte.

Differenzierung der Ausdauersportarten

Wie ist es möglich sich mental in diese erste Phase zu begeben, sodass einem später ein optimaler Übergang in die zweite Phase gelingt? Jerome empfiehlt in diesem 3-Phasen-Modell ausdrücklich eine Ausdauersportart, alternativ dazu kann auch eine Kraftausdauersportart gewählt werden. Jerome ist ein begeisterter Mountainbiker und Läufer. Besonders auf längeren Läufen kann er die einzelnen Phasen des Modells intensiv erleben. Neben dem Laufen und dem Radfahren ist Schwimmen, die wohl bekannteste Ausdauersportart. Jerome ist zwar nicht wasserscheu, jedoch zählt das Schwimmen nicht zu seinen Stärken. Dennoch wird das Schwimmen der Vollständigkeit halber mit in die Betrachtung aufgenommen. Jerome sieht persönlich das Laufen als Vorreiter für dieses 3-Phasen-Modell, unter diesen drei klassischen Ausdauersportarten.

Das Schwimmen, kann einem sehr wohl Freiheit

verschaffen, dies kann trotz Jeromes geringer Erfahrung bestätigt werden. So liebt es Jerome beispielsweise, am besten früh morgens, ganz alleine in einem Bergsee schwimmen zu gehen. Einige entspannte Züge im See hinter sich zu bringen, ist nicht der Inbegriff des 3-Stufen-Modells. Doch wenn man erstmal ein paar Kilometer zum See hin joggen muss, dann seine Bahnen schwimmt und anschließend wieder zurückjoggt, dann könnte man das sicherlich als abgekürztes 3-Stufen-Modell bezeichnen. Solche Alternativen führen ebenfalls zur mentalen Freiheit.

Zwischen dem Laufen und zum Radfahren gibt es Unterschiede, welche nicht einfach darzustellen sind. Das Laufen verlangt einem eine viel höhere Körperbeherrschung ab, als das Fahrradfahren, wenn man es nicht gerade mit dem Trailbiking vergleicht. Egal ob es bergauf oder bergab, das Laufen erfordert eine fortlaufende Bewegung ohne Pause. Eine fortlaufendende Bewegung und eine zielgerichtete Kontrolle des Geistes, in Verbindung mit dem Körper wird gefordert. Vor allem scheinen Koordination und Konzentration auf Dauer neben der Kondition, eine wesentliche Rolle zu spielen. Dies kostet besonders beim Laufen enorm viel Energie. Es gibt keine Pause, keinen Ruhemoment für den Körper, was mit Sicherheit ein zusätzlicher Anstrengungsfaktor ist. Wenn ein Läufer seinen Körper nicht kontrollieren kann, dann muss er gezwungenermaßen an einem gewissen Punkt aufgeben. Ein weiteres Vorankommen lassen die Um- und Zustände nicht zu. Wenn der Mensch den Körper nicht unter Kontrolle hat, dann muss er aufhören.

Unter anderem wird der Geist gefordert, um den Körper zu steuern. Darüber hinaus bedarf es gleichzeitig dem Körper, der sich diszipliniert an das hält, was ihm der Kopf vermittelt. Die Grundvoraussetzung hierzu ist, dass der Körper in der Lage sein muss, dem Standzuhalten was ihm vorgegeben wird. Durch diese beidseitige Anstrengung wird im gesamten Körper eine Reinheit geschaffen, der Körper kommt mit dem Geist in Einklang. Diese Reinheit und dieser Einklang führen zu einer ruhigen inneren Mitte.

Der Unterschied zum Radfahren ist vielfältig. Der Unterschied bemisst sich unter anderem daran, mit welchem Rad man fährt, welche Strecken man fährt und was für ein Fahrer man ist. Alleine unterschiedliche Radsportweisen weisen untereinander Unterschiede auf. Doch eines haben alle Biker gemeinsam, sie haben beim bergauf fahren einen anderen Anstrengungsgrad, als wenn es bergab geht. Es geht also um die physikalische Auswirkung, in Bezug auf die Uphill- und Downhill-Performance. Die unterschiedliche Anstrengung sorgt für Abwechslung, die man in dieser Form beim Laufen nicht hat. Klar läuft man beim Laufen je nach Gefälle anders, aber es verändert sich lediglich die Schrittlänge sowie das Trittverhalten und gegebenenfalls die Atmung. Beim Radfahren hingegen, wird beim Bergauffahren der ganze Fokus auf ein sauberes und effizientes pedalieren gesetzt. Beim Bergabfahren geht es überwiegend darum das Rad sicher bergab zu steuern. Dabei sollte man seinen Körper in eine windschnittige und zugleich sichere Position zu bringen. Beim Downhillsport oder

Trailbiking wird der Fokus anders gesetzt. Da sich bei diesen Sportarten innerhalb von Sekunde die Verhältnisse ändern können, ist hier eine extrem hohe Reaktionszeit gefragt. Auch die Körperbeherrschung spielt hier eine wichtige Rolle. Es gilt die Informationen innerhalb von Millisekunden aufzunehmen, zu verarbeiten und anschließend direkt an den Körper weiterzuleiten. Der Fokus sollte bei mehr als 100 % auf der Strecke, dem Bike und dem Fahrer liegen. Andernfalls kann es schneller zu einem ungewollten Ende führen, als einem lieb ist. Oftmals genügt nur eine Sekunde an einen anderen Gedanken und schon befindet man sich abseits der Strecke. Es kann schnell passieren, dass man mit seinen Gedanken abschweift und in der rauschenden Fahrt dann bestimmte Gefühle und Emotionen hochkommen. Mit Sicherheit können einen auch Ängste und Zweifel begleiten, so kann es passieren das einen Gedanken an eine nahestehende verstorbene Person oder den letzten Beziehungsstreit begleiten. Diese Gedanken können während der Fahrt oder danach aufgearbeitet und verarbeitet werden. Das ist mit Sicherheit den meisten schonmal passiert, es stellt aber ein erhöhtes Risiko für den Fahrer dar, da er sich nicht auf das wesentliche konzentriert.

Man muss wissen, dass Jerome über ein paar Jahre Erfahrungen im Downhillsport gesammelt hat. Das Ganze ging so weit, dass er als Hobbyfahrer bei der Deutschen Meisterschaft im Downhill teilgenommen hat.

Beim Radfahren bedarf es deutlich mehr Zeit und Anstrengung um mental frei zu werden. Das hängt mit der geringen Belastung im Vergleich zum Laufen zusammen. Wenn die Zeit in diesem Zusammenhang keine Rolle spielt, dann kann sich das Radfahren ebenfalls gut eignen. Um das Radfahren jedoch nicht ganz so nachteilig darzustellen, werde ich nun noch ein paar befürwortende Punkte nennen.

Worauf ich gleich noch zu sprechen komme ist die Belastung, was auch bedeutet, dass eine Überbelastung schädlich für dieses 3-Phasen-Modell sein kann. Das eine Belastung schädlich wirkt, muss diese sehr extrem sein und findet außerhalb der Erweiterten Komfortzone statt. Daher bietet das Radfahren für weniger aktive Personen oder für Personen die generell nicht dem Ausdauersport verfallen sind, eine gute erste Alternative. Das 3-Phasen-Modell lässt sich idealerweise auf einer längeren Radtour anwenden, dass kann sowohl eine Ganztagestour als auch eine Mehrtagestour sein. Den auch beim Radfahren wird man irgendwann, wie beim Laufen, an seine Grenzen kommen. Der ein oder andere kommt vielleicht auch erst nach ein paar Tagen an seine Grenzen. So kann es passieren, dass man nach ein paar langen Tagen, ganz alleine und plötzlich auf einer geraden Strecke, mental frei wird. Diese Freiheit, kann beim Laufen deutlich schneller provoziert und(re-)produziert werden.

Vom Radsport zurück zum Laufen. Ein weiterer Punkt des Laufens im Vergleich zum Radfahren, ist die Geschwindigkeitsbegrenzung. Durch die natürliche Begrenzung die einem der Körper setzt, kann man die Umwelt viel bewusster wahrnehmen. Dadurch erlebt man gewisse Momente intensiver.

Natürlich lässt sich nicht allgemein behaupten,

dass für jeden das Laufen der beste Weg zur Freiheit ist. Nicht jeder findet sich in diesem Sport wieder. Ein gewisser Wohlfühlfaktor sollte beim 3-Phasen-Modell nicht unterschätzt werden. Es ist also wichtiger das man sich beim Sport wohl fühlt, als dass man sich mit der vermeintlich richtigen Sportart quält. Was nicht heißt, dass es nicht herausfordernd sein darf, denn das soll es. Auf der einen Seite soll es körperlich anstrengend sein und auf der anderen Seite sollte es einen geistig nicht kaputt machen. Eine negative Einstellung oder Stimmung würde das gesamte Erlebnis stören und wäre somit nur bedingt von Vorteil für dieses Modell.

Zusammenfassend lässt sich sagen, dass eine körperliche Anstrengung die den Kopf frei macht Ziel der Übung ist. Die Anstrengung sollte groß genug sein, um in einen geistigen Tunnel zu kommen, aber zu groß um körperlich und geistig einer vollständigen Erschöpfung zu unterliegt. Primär ist der geistige Zustand, sekundär hingegen welche (Ausdauer-)Sportart ausgeübt wird.

Phase 1 - Startphase

Auf jeden Fall muss man in dieser Phase beginnen loszulaufen, loszufahren oder eben los zuschwimmen, am besten allein und möglichst ungestört. Jerome nutzt dazu in der Regel entweder die früher Morgenstunden oder die späten Abendstunden. Gerne geht er bei Dunkelheit alleine im Wald joggen. Nur ein paar Geräusche sind zu höheren – ansonsten wird die Stille zum ständigen Begleiter. Keine Menschenseele ist unterwegs. Tiere kann man meist nicht erkennen, da die Sicht je nach Witterung eingeschränkt ist.

Wenn du dich auf den Weg gemacht hast, dann benötigst du in der Regel einen Moment lang bis du in den Modus reinkommst [8] . Nach dieser Eingewöhnungsphase in deinen Laufschuhen, auf dem Rad oder im Wasser, gilt es dann den Fokus auf die eignen Gedanken zu richten. Für Jerome ist es zur Gewohnheit beziehungsweise zur Routine geworden, seine beim Laufen zu sammeln und sich darauf zu fokussieren. Jedoch bekommt man von anderen Personen häufig die Rückmeldung, dass sie nicht nachdenken und zumindest nicht aktiv ihre Gedanken verarbeiten, sondern schlicht und einfach nichts denken. Das ist für Jerome ein wenig nachvollziehbares Verhalten. Den er gebraucht und nutzt diese Situation zu seinem Vorteil und denkt nach. Ziel dieser Phase 1 ist es also beim Ausdauersport bewusst die eigenen Gedanken aufzugreifen, aufzuarbeiten, zu verarbeiten und diese anschließend möglichst strukturiert abzulegen. Neben den umherschwirrenden Gedanken aus dem präfrontalen Kortex sollte das gleiche mit den Gedanken passieren, die eine Etage tiefer sitzt und uns im Alltag immer wieder begegnen und beschäftigen.

---

[8] Jerome hat anfangs als er die ersten Male dieses Modell unterbewusst nutzte, bis zu 6 km Laufstrecke benötigt, um in diesen Modus reinzukommen. Mittlerweile hat sich die Strecke verkürzt. Das liegt unter anderen auch daran, dass er sich mittlerweile schon vor dem Lauf mental auf die Phase vorbereitet.

Phase 2 - Aktivphase

Nun haben wir bereits viel über das gesamte Modell, mit vielen Tipps und Hintergrundinfos kennen gelernt. Die Phase 1 gestaltete sich simpel. Die einzige Hürde, die es für manche zu überwinden gilt, ist die Überwindung des inneren Schweinehundes. Konkret gesagt, ist es das sich zum Sport zu motivieren. Ein Großteil der Leser dieses Buchs, werden jedoch weniger Probleme mit der Motivation und dem inneren Schweinhund haben.

Nach der Eingewöhnungsphase haben wir uns bereits mit der Verarbeitung alltäglicher Gedanken beschäftigt. Nun scheint sich unser Kopf bereits etwas befreiter anzufühlen. Während wir nun weiterlaufen, fahren oder schwimmen, bekommen wir vom Körper ein erstes Feedback zu unserer Aktivität. Wichtig ist nun das man sich und seinen Körper nicht hängen lässt. Du hast es verdient weiter zu laufen, zu fahren oder zu schwimmen. Jetzt nicht aufhören, denn ab jetzt wird die mentale Zeit immer intensiver und wertvoller. Die Intensität von Körper und Geist verläuft zwar nicht parallel, doch die beiden Kurven schneiden sich während des Verlaufs immer wieder.

In dieser zweiten Phase, der Aktivphase geht es also neben dem fortlaufenden Erhalt der Aktivität, darum sich mental auf eine noch tiefere Ebene einzulassen. Diese Aktivphase, kann auf Grund der Freiheit im Kopf insbesondere dazu genutzt werden, seinen Gedanken freien Lauf zu lassen. Das heißt, man kann sowohl kreativ, nachdenklich oder auch demütig werden. Es können während dieser Phase neue Konzepte und Ideen entstehen. Neben der reinen

Gedankenverarbeitung versucht Jerome in dieser Zeit ins Gebet zu gehen. Auf der anderen Seite besteht die Möglichkeit tiefer sitzende Gedanken aufzugreifen, um Emotionen und Erinnerungen aufzuarbeiten. Im Anschluss daran sollte effektiv mit den Gedanken umgegangen werden. Das bedeutet, dass diese entweder geordnet abgelegt werden oder dass an diese Gedanken Handlungen angeschlossen sind, welche anschließend in die Tat umgesetzt werden.

Auch vorstellbar wäre während dieser Phase ein Moment der Ruhe, der Entspannung oder des tiefen Durchatmens. Es sollte jedoch keine Pause eingelegt werden, um dem Körper eine Pause zu gönnen. Viel wichtiger als ein bloßer Ruhemoment ist eine aktive Pause. Wenn der Körper in diesem Moment etwas zurückfahren kann und man zugleich beispielsweise eine großartige Aussicht hat, dann ist das eine aktive Pause. Das Szenario eines Sonnenaufgangs oder -untergangs lädt wunderbar dazu ein, die bis dato gedachte noch einmal zu überdenken und tiefer darüber zu sinnieren. Mit neuer Kraft und Energie sollte anschließend die Aktivität langsam aber sicher wieder aufgenommen werden. Dieser Ruhemoment stellt jedoch keinen zwingenden Teil dieses Modells dar, er ist vielmehr ein Vorbote oder ein vorgenommener Teil des finalen Erlebnisses, der Phase 3.

Phase 3 – Fokusphase

In einem weiteren nahtlosen Übergang schließt sich die dritte Phase, die Fokusphase an. Nachdem alle Gedanken und Ideen aktiv verarbeitet wurden, die aktuell greifbar waren, geht es nun weiter.

Was ist also bisher geschehen? Bisher ging man fortlaufend einer ausdauerlastigen Aktivität nach. Währenddessen erfolgte eine aktive Verarbeitung der Gedanken und Emotionen. Die Fokusphase geht nun noch einen Schritt weiter. In diese Phase muss man viel mehr seinem Herzen folgen, als das beherzigen was in diesem Buch steht.

Um dennoch einen Einblick zu geben, was in dieser Phase möglich ist, werden nachfolgend ein paar Ideen dargestellt die als Inspiration dienen sollen.

Beispielsweise kann einen, ein vollkommenes Freiheitsgefühl in dieses Phase überkommen. Man fühlt sich einfach frei, in dem man nichts spürt. Völlige Klarheit und Reinheit, überkommen einen. Durch diese Klarheit kann einen 100-prozentigen Fokus auf bestimmte Dinge gelegt werden.

Wichtig in dieser Phase ist, dass man diese nicht nur allein durchführt, sondern dass man sich zudem von äußeren Einflüssen fernhält. Einzig und allein lässt Jerome in dieser Phase die Natur auf sich wirken. So lässt er sich beispielsweise von der untergehenden Sonne bescheinen oder den Wind und Regen auf seinem Körper spüren. Um den Regen nicht über sich ergehen zu lassen, macht er sich obenrum frei, ganz nach dem Motto #livingtheshirtlesslifestyle. So können Wind und Regentropfen noch intensiver auf dem Körper wahrgenommen werden.

Darüber hinaus sollte es möglich sein, seine innere Mitte zu finden.

Beten und die Beziehung zu Gott können auf einer ganz anderen Ebene stattfinden, auf einer klaren und ungefilterten Ebene. Ganz in Ruhe, in einem ungestörten und freien Moment.

Ein weiterer Bestandteil dieser Phase 3 sind die Emotionen. Dieses können sowohl kontrolliert als auch unkontrolliert auftauchen und den Körper, Geist und die Gedanken durchströmen. So sollte man sich besonders als Mann, in solch einer Situation nicht dafür schämen oder gar davor drücken, den Tränen freien Lauf zu lassen. Emotionen zulassen und sich in diesem Moment einfach treiben lassen, sich dem Moment hingeben, dass birgt unheimliche Freiheit. Es soll hier einfach die Möglichkeit geben, dass Mann seine Emotionen in einem kontrollierten Rahmen zuzulassen kann und man sich dabei von niemand stören lässt. Diese Aktion soll vielmehr dem Ausgleich der geistigen Freiheit dienen und nicht als Anregung zu einem emotionsgesteuerten Leben dienen, dass wäre nicht in Jeromes Sinn.

Aber keine Sorge, nach dem diese Phase 3 durchlaufen ist, geht man maximal etwas nachdenklicher und glücklicher zurück in seinen Alltag. Im Idealfall kann man das Freiheitsgefühl für einige Zeit mit sich tragen und sich immer wieder positiv an diesen Moment erinnern. Da diese Phase 3 so intensiv ist, hält diese in der Regel nicht allzu lange an. Es kommt auf die Situation, das persönliche Empfinden und die eigene Persönlichkeit an. Wenn du diese Phase hinauszögern möchtest, dann kannst du das zwar künstlich versuchen, aber glücklicher wirst du dadurch auch nicht. Jedoch kann man generell versuchen seine Konzentrationsfähigkeit zu verbessern und seinen

Fokus zu optimieren. Sodass man einem bestimmten Thema mehr Aufmerksamkeit widmen kann und sich währenddessen nicht ablenken lässt. Wenn du das kannst oder gelernt hast, dann hilft es dir enorm, dieses besondere Gefühl und den Moment der dritten Phase wahrzunehmen und zu erleben. Übrigens, wenn du Schwierigkeiten mit der Aufmerksamkeit hast, dann kann dir diese Übung auch dabei helfen, mehr Ruhe, schärferen Fokus und längere und ausgeprägtere Aufmerksamkeitspannen für dich zu gewinnen.

Wie soll ich mich verhalten beziehungswiese was muss ich tun, um in diese Phase zu kommen? Wichtig ist das die sportliche Aktivität aus der Phase 1 und 2 weitergeführt wird. Es kann mehrere Höhepunkte in dieser Phase geben. So ist neben der sportlichen Aktivität, nun auch wirklich ein Ruhemoment vorgesehen. Jedoch sollte dieser, wie bereits in der zweiten Phase beschrieben nicht der Erholung dienen. Man sollte sich in dieser Erholungszeit nicht etwa hinsetzten oder etwas trinken. Das heißt diese Pause soll keine passive Zeit werden. Vielmehr sollte man stehen bleiben, seine Umgebung wahrnehmen und sich in diesem Moment fallen lassen (bitte nur mental und nicht körperlich, das könnte wehtun). Jerome nutzt diesen besonderen Moment unter anderem zum Beten und seine Beziehung zu Gott zu leben. Das darf jedoch jeder machen, wie er kann und will.

So kann ein Höhepunkt in diesem Ruhemoment entstehen. Ein weiterer Höhepunkt kann nach diesem Ruhemoment bei der Wiederaufnahme der körperlichen Aktivität entstehen oder gar erst generiert werden.

Besonderheiten der Phase 3

Was macht diesen Zustand, der dritten Phase so besonders? Auch wenn oft krumme, dumme und witzige Gedanken in uns sind, ermöglicht uns dieser Zustand inne zu halten. Inne zu halten, still zu werden, sich zu fokussieren, das eigene Herz zu öffnen. Wir dürfen und sollen unser Ohr und Herz in dieser Phase auch gerne für andere offenhalten.

Ist es in unserer heutigen Zeit, in unserem gegenwärtigen Alltag überhaupt noch möglich ein tiefergehendes Gespräch zu führen. Manchmal hat man das Gefühl, dass diesen Gesprächen und deren Inhalt wird keine Anerkennung geschenkt. Freundschaften, die sich aus diesen tiefergehenden Gesprächen und dem gegenseitigen Vertrauen ergeben, finden ebenfalls seltener Anerkennung. Oftmals scheint einfach ein Desinteresse beim Gegenüber da zu sein. Das Desinteresse beruht nicht weniger oft auf dem Egoismus, in Bezug auf uns selbst und unsere eigenen Probleme und Bedürfnisse. Männerfreundschaften sind zum Großteil gesellschaftlich, zumindest in unserer westlichen Welt, aberkannt. Wie oft habe ich selbst gemerkt, wie wertvoll diese Freundschaften sind. Mit dieser Sichtweise bekommt das Wort Freundschaft eine andere, eine viel tiefergehende Bedeutung.

Die Phasen in der Gemeinschaft erleben

Es wurde bereits erwähnt, dass die 3 Phasen aus dem 3-Phasen-Modell vorwiegend alleine durchgeführt werden können und sollen. In diesem Buch geht es um Beziehungen, Freundschaften und

Gemeinschaften. Daher wird nachfolgend dargestellt, wie dieses 3-Phasen-Modell in der Gemeinschaft funktionieren kann. Darüber hinaus soll dargestellt werden, wie dieses Modell in der Gruppe seine Anwendung findet und umsetzbar ist.

Zurück zu Jeromes Besonderheit - der Gemeinschaft. Seiner Theorie nach, sollte es den Menschen möglich sein durch körperliche Ertüchtigung, zunächst einmal mental frei zu werden. Es soll also während der körperlichen Aktivität in der Phase 1, die im Kopf kreisende und festsitzende Gedanken verarbeitet werden. Sodass diese Gedanken nach der Verarbeitung, abgelegt werden können.

In der Phase 2 ist es möglich, tiefersitzende Gedanken aufzugreifen und an diesen zu arbeiten. Zu arbeiten, heißt in diesem Fall, bestehende Gedanken erneut zu analysieren, Ideen zu generieren, neue Ideen zu entwickeln. Dazu gehört auch, dass du versuchts diese Gedanken mit den bereits verarbeiteten Gedanken in Einklang zu bringen. Das ist jedoch nur möglich, wenn alle aktuellen Gedanken in der Phase 1 beiseitegelegt wurden. Erst dadurch kann der Fokus auf neue Gedanken gerichtet werden kann.

So dass sich in der Phase 3 – der finalen Phase, keine Gedanken mehr im Kopf bewegen, die einen (negativ) beeinflussen beziehungsweise in diesem Moment von Relevanz sind.

In diesem Zustand ist es möglich wunderbare Dinge zu tun, man muss es nur zulassen. Man kann beten, man kann träumen, man kann aus dem nichts heraus Emotionen zulassen - es können grundlos Tränen fließen. Neue großartige Gedanken, Ideen und

Pläne können entstehen und man kann auf sein Inneres hören.

Doch was hat das Ganze mit der Gemeinschaft zu tun? Nichts. Doch wenn man genauer hinsieht, dann besteht die Möglichkeit, die freien Gedanken und Emotionen in der dritten Phase, in der Gruppe wirken zu lassen. Das bedeutet also, dass in der Gruppe die drei Phasen, zumindest zeitweise, gemeinsam durchlebt werden können. Wenn einem die Menschen noch so unterschiedlich erscheinen mögen, mag es in diesem Zustand gelingen alle auf die gleiche, vertrauensvolle Ebene zu bringen. Dieses Vorgehen verbindet und macht einen dadurch auch verletzlich. Sei dir bewusst mit welchen Personen oder welcher Gemeinschaft, du diese Phasen erleben möchtest.

Zusammenfassung

Die körperliche Aktivität, in Form einer Ausdauersportart regt den Geist an. Stufenweise soll dadurch eine Klarheit im Geist geschaffen werden. Diese Klarheit und die sportliche Aktivität sollen zu einem Einklang führen.

Praxis

Falls noch nicht gefunden suche dir, die für dich passende Ausdauersportart. Der Autor konzipierte dieses Modell, er selbst lebt und handelt nach dem 3-Phasen-Modell. Erlebe auch du, egal ob alleine oder mit Freunden die einzelnen Phasen. Bringe neben der reinen körperlichen Aktivität auch deinen Geist zum Einsatz. Erlebe dadurch den Einklang mit dir selbst. Spüre die Freiheit und die Natur um dich herum. Lerne wahrzunehmen was ist.

3.3 Das 3-Stufen-Modell

Das 3-Stufen-Modell der Beziehungsebenen

Das 3-Stufen-Modell der Beziehungsebenen basiert auf den beiden vorangegangen Modellen. Diese beiden Modelle wurden bereits ausführlich beschrieben, um dieses 3-Stufen-Modell nun simpel darstellen zu können. Diese beiden Modelle sind in sich bereits sehr intensiv und können daher auch allein ihre Anwendung finden. Diese Modelle können nicht nur allein genutzt werden, sondern sollen bewusst ganz persönlich und allein in Anspruch genommen werden. Dieses 3-Stufen-Modell, um das in diesem Buch vordergründig geht, nutzt als Grundlage die Bausteine der beiden Modelle. Dieses Modell eignet sich für Beziehungen, Freundschaften, Gruppen und Gemeinschaften. Durch die Anwendung in der Gruppe, dient dieses Modell hauptsächlich Gemeinschaften und nicht einzelnen Individuen.

Die 3 Stufen des Modells, werden nachfolgend dargestellt.

Das 3-Stufen-Modell der Beziehungsebenen

3. Stufe:
Der
Lagerfeuermoment

2. Stufe:
Überwindung
körperlicher und
mentaler Grenzen

1. Stufe:
Körperliche
Betätigung innerhalb
der Standard Komfortzone

Abbildung 3: Das 3-Stufen-Modell der
Beziehungsebenen

Stufe 1 - Findungsphase

Die erste Stufe, definiert sich als
Findungsphase und setzt sich aus einer körperlichen
Betätigung der Phase 1 & 2, des 3-Phasen-Modells
zusammen. Zudem kommt die aktive Bewegung innerhalb
der Standard Komfortzone zum Tragen, welche aus dem
Komfortzonenmodell bekannt ist.

Die erste Stufe kann mit einer Wanderung
begonnen werden. Diese Stufe soll zunächst einmal
dazu diesen, dass sich die Gemeinschaft
zusammenfindet. Es soll ein erstes
Aufeinandertreffen und ein Kennenlernen sein. Aus

welcher Konstellation sich die Gruppe zusammensetzt spielt hierfür keine Rolle. Es können Freunde die sich einmal in der Woche oder einmal im Jahr treffen zusammenkommen. Ebenso kann es eine ganz neu zusammengestellte Gruppe sein. Ein harmonisches Zusammentreffen ist nicht nur wichtig, sondern eine Grundvoraussetzung. Anschließend sollte das Ziel definiert und offengelegt werden. Jedes Individuum sollte für sich persönlich seine (Schmerz-)Grenze festlegen. Dies ist wichtig für die Planung und den Ablauf. Im Idealfall findet man heraus, dass alle ihre Grenzen gleichzeitig erreichen. Beim Erreichen dieser Grenze sollte sich die Gruppe, der Situation bewusstwerden.

Handelt es sich wie in unserem Beispiel um eine Wanderung, dann wäre die Idealvorstellung, dass alle Individuen gleich erfahren und gleich fit sind. Das ist aber nur ein Idealzustand, wie er wohl in der Realität er selten zustande kommt. Dieser Idealzustand ist für das gewünschte Ergebnis, des 3-Stufen-Modells keine Mindestvoraussetzung. Es sollte ein Zwischenziel vereinbart werden. Das kann bei einer Wanderung eine zu erreichende Hütte sein. Bis zu diesem Zwischenziel ist davon auszugehen, dass alle Individuen das Ziel mehr oder weniger gut erreicht haben. Doch dieses Ziel sollte nicht locker erreicht werden können, sondern es sollte gleichzeitig der Punkt sein, an dem jedes Individuum an seine Grenzen gelangt. Das kann bei jedem Individuum anders aussehen, von einer Erschöpfung, über Muskelkater bis hin zu einer mentalen Blockade darf alles dabei sein.

Stufe 2 – Intensivphase

In der zweiten Stufe, der Intensivphase muss zunächst der Sprung von der Standard Komfortzone in die Erweitere Komfortzone erfolgen. Dazu gehört unter anderem das Überwinden von physischen und mentalen Grenzen. Neben dem Sprung in die Erweitere Komfortzone und dem Bewegen innerhalb dieser Zone, befinden sich die Individuen der Gemeinschaft in der Phase 3, des 3-Phasen-Modells.

Was in dieser Stufe, in der Erweiterten Komfortzone entsteht, ist ein Gemeinschaftsgefühl ähnlich wie beim Lagerfeuermoment. Mit dem Unterschied, dass das Gefühl beim Lagerfeuermoment noch stärker ausgeprägt ist. In dieser zweiten Stufe ist es nun sehr wichtig, dass zumindest eine kurze mentale Pause eingelegt wird. Dabei werden alle Mitglieder abgeholt und auf einen Stand gebracht. Im Idealfall sind alle Mitglieder, die Teil dieser Aktion sind, bereits an der Grenze zu ihrer Erweiterten Komfortzone angelangt. Insbesondere bei einer heterogenen Gruppe gibt es in der Regel immer Individuen die im Vergleich zu den anderen, noch nicht an der Grenze zur Erweiterten Komfortzone angelangt sind. Das kann physische oder gar psychische Gründe haben. Es ist möglich das jedes Individuum der Gemeinschaft geistig oder körperlich stark ist. Das kann dazu führen, dass die Gruppe noch nicht an die Grenze zur Erweiterten Komfortzone angelangt ist. Gerade dann muss das Fortkommen der Gruppe in dieser Stufe 2 gewährleistet werden. Aufgeben an dieser Stelle wäre fatal. Wichtig ist das gemeinsam weiter daran gearbeitet wird, diese Schwelle zu überschreiten.

Infolgedessen der Grenzüberschreitung wird die Gruppe bereit sein und ist nunmehr in Stufe 2 angekommen.

Was nun in dieser Stufe passiert ist von enormer Relevanz. Die Situation ist in der Stufe 2 ist vermutlich nicht mehr so entspannt und locker wie die Stufe 1. Daher ist von jedem und für jedes Individuum ein besonderes Feingefühl gefragt. An diesem Punkt gilt es nämlich alle abzuholen. An dem Punkt, an dem sich die Individuen im Grenzbereich befinden. In der Gemeinschaft muss nun das Team-Gefühl ausgebaut und gestärkt werden. Es braucht Verständnis und Motivation der Mitglieder, vor allem derer die sich noch innerhalb der Standard Komfortzone bewegen.

Du fragst dich wer all das organisieren, planen und leiten soll. Mit relativ hoher Wahrscheinlichkeit bist das Du. Jerome geht davon aus, dass sich Personen für Themen aus dieser Lektüre interessieren. Und genau diese Personen sind dazu gemacht, anderen über ihre Standard Komfortzone hinaus zu helfen. #takeaction

Da du in dieser Situation viel mit Vertrauen und Verantwortung arbeitest, ist deine Aufgabe von großer Relevanz. Die Aufgabe ist anspruchsvoll und zugleich leistbar. Das Beispiel eines verletzten Mitglieds inmitten einer Wanderung, soll verdeutlichen, dass es für dich möglich ist die Verantwortung zu übernehmen. Bei einer Verletzung wird eine gute Gemeinschaft unter bestimmten Voraussetzungen niemals das verletzte Individuum zurücklassen. Sie werden das verletzte Individuum mit vereinten Kräften bis ans Ziel oder in eine medizinische Einrichtung bringen. Diese Hilfe und fürsorgliche Vorgehensweise, entsprechen dem natürlichen Handeln des Menschen.

Anhand dieses einprägsamen Beispiels soll der Zusammenhalt, die Offenheit und die Hilfsbereitschaft gegenüber dritten verdeutlicht werden. Im Idealfall setzt die Gemeinschaft, wenn nicht bereits geschehen, ihren weiteren Weg in diesem Bewusstsein für die Gemeinschaft fort. Natürlich wünschen wir uns keinen Verletzten, in der Regel wird es jedoch immer einen geben der sich irgendwann physisch oder psychisch „verletzt". Natürlich kann ist es möglich, dass Individuen bereits verletzt sind, die Wunde jedoch erst mit der Zeit aufklafft. Das gilt sowohl für körperliche, als auch seelische Wunden. Diesen mental Verletzten gilt es genauso ans Ziel zu bringen, wie einen körperlich Verletzten. In dieser gegenseitigen Unterstützung und dem zugewandten Vertrauen, beginnt die Gemeinschaftsphase auf Hochtouren zu laufen. Diese Stufe 2 hält also solange bis, dass finale Ziel erreicht ist, beispielsweise bis bei einer Wanderung die Bergspitze erreicht ist. Der Idealfall ist das alle gesund am Ziel ankommen. Wichtig ist, dass alle ihre Standard Komfortzone verlassen haben und der Gemeinschaftszusammenhalt um ein Vielfaches gewachsen ist. Das Ganze wird insofern positiv beeinflusst, indem jedes Individuum der Gemeinschaft, einen „Ersthelfer" bekommt und zugleich selbst ein „Ersthelfer" für andere ist. Dieser Ersthelfer sollte sowohl physische als auch psychische Hilfe leisten können. Dieser Ersthelfer ist in der Regel ein Gesprächspartner, der von Beginn an nicht festgelegt ist und im Notfall instinktiv und situativ agiert. Nach einem Unfall kann dieser Ersthelfer auch eine Person sein, die körperliche Unterstützung leistet. Ersthelfer sind in diesem Fall gute Freunde und gute Zuhörer, die sich nicht nur um ihr eigenes Wohl, sondern auch um das Wohl des anderen kümmern. #beafirstresponderforalifetime

Stufe 3 – Der Lagerfeuermoment

Die zweite Stufe ist schon weit oben angesiedelt und stellt aus Jeromes Sicht, dass höchste der Gefühle für ein einzelnes Individuum dar. Doch in der Gemeinschaft, in der Beziehung scheint noch mehr möglich zu sein. So stellt es die Stufe 3 des Modells dar. Die Stufe 3, beziffert als der Lagerfeuermoment baut auf den beiden bisher beschriebenen Stufen auf. Sie stellt also die Spitze der Pyramide dar.

Bevor auf diese Stufe detaillierter eingegangen wird, ist es wichtig darzustellen, dass dieser sogenannte Lagerfeuermoment, natürlich auch etwas einfacher zustande kommen kann. Um jedoch die gewünschte Tiefe zu erlangen, muss sich die Gemeinschaft sehr gut kennen. Zudem muss jedes Individuum aus der Gemeinschaft ein sehr hohes Vertrauen genießen. Es besteht also in einer guten Zweierbeziehung, auch die Möglichkeit einer Abkürzung zum Lagerfeuermoment. Allemal empfehlenswert ist dieser etwas aufwendigere Weg an die Spitze dennoch. Zudem tritt das gewünschte Ereignis - der Lagerfeuermoment, mit einer viel höheren Wahrscheinlichkeit ein. Grundsätzlich spricht nichts gegen ein einfaches Lagerfeuer, nicht falsch verstehen. Doch dieses besondere Gefühl insbesondere mit dem Tiefgang, findet sich nun mal fast ausschließlich in diesem 3-Stufen-Modell wieder.

Nach dem die ersten beiden Stufen überwunden wurden, steht eurer Gemeinschaft nun ein deutlich gestärktes Vertrauen zu. Das Gemeinschaftsgefühl wir zudem von dem gestiegenen Vertrauen beflügelt. Das Vertrauen wird wiederum durch das Gemeinschaftsgefühl gestützt.

Der Lagerfeuermoments, wird nochmal um einiges Intensiver. Diese dritte Stufe, soll an das Lagerfeuerfeeling angelehnt sein. Dieser besondere Moment hat seine Wurzeln vom gemeinsamen Lagerfeuer. Da gewisse Hürden und Mauern bereits während der Phase 2 gefallen sind, ist das Eis sozusagen schon gebrochen. Deshalb kann in diese finale Phase, viel tiefer eingestiegen werden. Der tiefere Einstiegt erlaubt dadurch eine breitere Tiefe als in den vorangegangenen Phasen.

Dabei ist wichtig zu verstehen, dass Sport in diesem Sinne nur das Mittel zum Zweck ist. Das sollte auch so kommuniziert werden, da für einige Personen das Motto „Sport ist Mord" noch immer hochgehalten wird.

In unserem Kurzbeispiel könnte die Stufe so aussehen, dass unsere Gruppe nach der Wanderung eine Feuerstelle anvisiert. Nach der erlebten Wanderung, den Überwindungen und Erlebnissen wartet jetzt sozusagen das Finale. Die Gruppe kann nun körperlich etwas zur Ruhe kommen. Die Gruppe sollte jedoch nicht ganz abschalten, sich treiben lassen oder sich gar auflösen. Wichtig ist, dass die Energie jetzt auf mentaler, emotionaler und kommunikativer Ebene eingesetzt wird. Natürlich dürfen Essen und Trinken nicht zu kurz kommen. Der Leiter der Gruppe sollte jedoch auf den Inhalt der Gespräche achten. Er sollte den Gesprächsverlauf auf tiefergehende Gespräche richten.

Impuls: Intensiviere diese Zeit, nutzte die bereits gemeinsam erlebten körperlichen Aktivitäten. Im Idealfall gehst du hierbei ans Limit. Wie das geht, erfährst du im folgenden Unterkapitel.

Intensität - Physisch und psychisch ans Limit

Um diese besondere Zeit noch intensiver wirken zu lassen, hat Jerome folgende Idee. Wenn es physisch und psychisch in die Extreme - ans absolute Limit geht, gerade dann bietet es sich an, eine Aktivität gemeinsam durchzuführen. Ob das immer eine körperliche Betätigung sein muss ist nicht von maßgebender Bedeutung. Dem Idealfall nach sollten bei dieser Aktivität, sowohl physische als auch psychische Elemente eingebaut werden. Es muss und soll sich dabei natürlich nicht um eine gefährliche Aktivität handeln, wobei gefährlich auch schon wieder relativ ist. Denn gefährlich ist etwas nur, wenn es nicht geübt ist. Routine und Training können sehr wohl aus etwas vermeintlich Unsicherem etwas Sicheres machen. Wichtig ist dabei, dass sich die Person sowohl physisch, psychisch als auch emotional unter Kontrolle hat.

Auch an dieser Stelle ist Jeromes Besonderheiten für das Detail zu spüren. Den seiner Ansicht nach handelt es sich im Idealfall bei dieser gemeinsamen Aktivität, um eine Outdooraktivität. Wie beschrieben muss diese nicht gefährlich sein, aber wie es Jerome immer so schön formuliert, muss man den „Pain" spüren. Beispielsweise kann es sich um eine Wanderung handeln. Auf den ersten Blick scheint es nichts allzu Spektakuläres zu sein. Fügt man dem Ganzen gewisse Zutaten und Vorgaben hinzu, kann sich diese Aktivität enorm von einem „Sonntagsspaziergang" differenzieren. Dabei sollte man sich im ersten Schritt vornehmen, an seine Grenzen zu kommen.

An dieser Stelle kommt Jeromes Komfortzonenmodell zum Tragen. Darüber haben wir bereits viel gehört, um auf das Thema Intensität noch weitere eingehen zu können. Werden nochmal ein paar Punkte aus diesem Modell aufgegriffen.

Bei einer einzelnen Person ist die Komfortzone in der Regel gering (Singuläre Standard Komfortzone (SSK)). Die Größe der Komfortzone bestimmt sich unter anderem anhand der Persönlichkeit und des Lifestyles einer Person. So gibt es Person, die sich ungern bewegen und viel Zeit Indoor verbringen. Diese müssen viel Energie aufwenden, um sich nach draußen zu begeben und beispielsweise die Natur wahrzunehmen. Ist dieses Individuum jedoch Mitglied, also Teil einer Gruppe, dann ist Sie automatisch in der Standard Gruppen Komfortzone (SGK). Befinden sich in Individuen in der SGK ist, für viele Personen leichter, dann noch in die Erweiterte Gruppen Komfortzone (EGK) zu gelangen.

Das ist für die viele Personen sogar leichter als von der SSK in die Singuläre Erweiterte Komfortzone (SEK) zu gelangen.

Ist diese Person beispielweise auf einer Wanderung unterwegs, dann wird die Muskulatur irgendwann eine Rückmeldung geben. Wird dieser Punkt erreicht, dann kommt diese Person langsam, aber sicher über die Grenze in die Erweiterte Komfortzone.

Wichtig ist, dass man sich bei seiner Aktivität eine Vorgabe setzt und dieses Ziel bewusst erreicht. Man sollte sich des Ziels bewusst sein und auch bewusst drauf hinarbeiten. Die Vorgabe kann beispielweise sein, mindestens so weit zu gehen bis die Muskulatur übersäuert ist. Und im Anschluss bewusst daran anknüpft um weitere Schritte zu gehen. Auch hier soll die Übersäuerung nur als Beispiel dienen und muss nicht nachgeahmt werden. Der Gedanke dahinter ist das was zählt.

Zusammenfassung

Ziel dieses Modells ist es den Lagerfeuermoment zu erleben. Durch Einhaltung der einzelnen Stufen, gelangt man mit hoher Wahrscheinlichkeit auch zum gewünschten Lagerfeuermoment. Die Stufen 1 und 2 sollen natürlich nicht einfach so abgearbeitet werden, sondern diese sollen genau erlebt und wahrgenommen werden wie die Stufe 3. Den ohne diese Erlebnisse und Gefühle aus den Stufen 1 und 2 gelangt man auch nicht zum Lagerfeuermoment. Im weiteren Verlauf des Buchs wirst du diese Stufen wiederfinden.

Diese Phasen zu kennen, zu spüren und zu erleben ist nur von Relevanz, wenn man tiefe, innige und enge Freundschaften und Beziehungen leben möchte.

Praxis

Der Autor ruft trotz und gerade wegen seiner Erfahrungen dazu auf, wertvolle Beziehungen zu schaffen und zu (ER-)leben. Doch auf wen man sich einlässt, dass sollte zuvor genauer geprüften werden, um später nichts bereuen zu müssen. Man kann und sollte sich bei allen Beziehungen und Freundschaften Schrittweise herantasten.

4   Die Anreise

Immer wieder erzählt mir Jerome von ihrem gemeinsamen Vorhaben. Eines unserer gemeinsamen Treffen sagt Jerome ab, mit der Begründung, dass er beschäftigt sei mit den Vorbereitungen auf „Das Wochenende." Ich war doch schon sehr gespannt was uns wohl erwarten würde und ob überhaupt alle mitkämen. Und ob sich der harte Kern so zusammenraufen könnte, dass sich jeder am Riemen reißen würde und eine großartige Gemeinschaft entstehen würde. Das Potential dazu hatten wir auf jeden Fall.

Bei einem Treffen in größerer Runde gab Jerome nicht allzu viel von sich preis. Doch man spürte, dass er bereits einiges geplant hatte und mit uns vorhatte. Ich dachte das ich der einzige war, dem das auffiel. Nicht ganz, den Klaus fragte, wie es aussähe und wo die Reise am besagten Wochenende hingehen würde. Bevor Jerome zu Wort kam, unterbrach Klaus Wecker das Gespräch und riss uns aus unseren Gedanken. Jerome antworte nur noch, „es ist schon sehr spät, lasst euch überraschen." Wir verabschiedeten uns daraufhin mit den Worten, „nächsten Freitag holst du mich ab, dann geht es los."

Ein letzter Lerntag stand mir an dem besagten Freitag bevor. Gegen Spätmittag packte ich meinen mit Gepäck gefüllten Rucksack, in den Passat meines Vaters und holte Jerome ab. Als wir uns für eine letzte Besprechung vor der Abfahrt bei Klaus trafen, rollte Paul auch schon in seinem Benzer an. Klassisch schnitt er die Kurve, die in Klaus Straße führte wie kein anderer. Als ein weiteres Mitglied des harten Kerns stieß Chris zu uns, nachdem er sich von seiner neuen Liebe verabschiedet hatte. Als letztes Mitglied des harten Kerns wurde Nico von Paul unterwegs am abgeholt, denn er reiste direkt von Tübingen an. Das wars, nun war der harte Kern wieder vollständig vereint und machte sich auf den Weg in Richtung Allgäu. Das Allgäu mit seiner wunderbaren und weiten Landschaft, sowie all seinen bunten Wiesen, ist ein Augenschmaus. Das Allgäu ist besiedelt von den manchmal etwas schroffen und rauen, aber immer freundlichen Menschen. Genau wie es das Wetter dort häufig ist. Oftmals ist es sonnig, warm und überaus angenehm, doch oft schlägt das Wetter sehr schnell um, dann kann es sehr schnell sehr unangenehm werden.

Jerome kannte den Weg bereits. Nachdem wir beide, Paul und ich, etwas mehr auf das Gas gedrückt hatten, haben wir die richtige Autobahnausfahrt zügig erreicht. Von nun an schilderte mir Jerome den Weg und deutet an, an welche Stellen und Ortschaften er bereits war. Das Navi hatten wir dennoch an, da sich Jerome nicht an jeder Kreuzung sicher war, wo es lang ging. Nach einem guten Stück auf der Landstraße, sagte Jerome, „da vorne hinter dem Haus rechts rein." Mit dieser Abbiegung verließen wir die Landstraße. Nun wurden wir auf eine einspurige Straße geführt, die eine Allee aus Elektrozäunen darstellte. Hinter diesen Zäunen weideten zumindest tagsüber Kühe und Schafe. Dann führte die Straße weiter über eine Bachbrücke und im Anschluss über eine Bahnstrecke. Anschließend ging es steile Serpentinen bergauf. Da es mittlerweile angefangen hatte zu regnen, hatte unser Freund Paul mal wieder etwas anderes im Kopf als diese Serpentinen sicher und behutsam zu befahren. Ein Blick in den Rückspiegel genügte und man konnte wunderbar beobachten wie Paul versuchte in jeder Kurve das Heck ausbrechen zu lassen. Das gelang ihm vorzüglich, dies war jedoch Nachteil seiner Mitfahrer. So kamen wir zügig an unserer Almhütte an. Jerome kannte das Gelände in und auswendig und ging auch als erster voraus. Er kannte die Hausleute. Nach einem kurzen Smalltalk am Check-In, zeigte uns die Hausdame ein großes Mehrbettzimmer. Das war es also, unser Schlafzimmer für die kommenden zwei Nächte. Jerome hatte uns zuvor schon geraten nur ein kleines Handgepäck, sowie eine entsprechende Wander- und Outdoorausrüstung mitzunehmen. Nachdem wir uns bei der Hausdame für das Zimmer bedankten, brachten wir unser Gepäck aufs Zimmer. Als ich aus dem Fenster schaute konnte ich noch gelb-, rot- und orangefarbenen Streifen erblicken, die den Himmel zierten. Dieses Farbenspiel hatte uns die bereits untergegangenen Sonne hinterlassen.

Es war wunderschön, damit meinte ich nicht das Haus oder das Zimmer, das war ordentlich. Vielmehr meinte ich die Natur, die mich wieder auf eine ganz neue Art begeisterte. Oft bin ich draußen, doch nicht in diesem Gelände. Wunderbar mal wieder etwas anderes vor die Augäpfel zu bekommen.

Nico lag samt Schuhen im Bett und ruhte für den Moment aus. Paul und Chris berieten sich, wie wohl der weitere Verlauf des Abends und des morgigen Tages aussehen würde. Jerome wich durch die Tür und verließ uns, in Richtung Empfang. Mittlerweile bekam ich schon ganz schön Hunger, den anderen ging es vermutlich nicht anders mir.

Als Jerome wieder zu uns trat und durch die Tür rein spähte, sagte er, „auf geht's Männer, Essen fassen, zuvor ist jedoch eure Mithilfe gefragt."

Im Erdgeschoss angekommen, erfuhren wir, dass wir zu unserem Glück nicht mehr kochen mussten, denn wir grillten draußen auf der Terrasse. Obwohl die Sonne bereits untergangen war und die Stühle noch etwas feucht vom Regen waren, machten wir es uns draußen bequem.

„Hoffentlich bleibt es noch etwas hell", meinte Chris.

„Keine Sorge, wir grillen erstmal und dann schauen wir weiter", sagte Jerome.

Wir grillten nicht am Lagerfeuer, sondern auf dem Holzkohlegrill. Ein Duft von Feuer, Holz und Fleisch zog uns durch die Nase. So konnte das Männerwochenende beginnen, dachte ich mir. Alle waren gut drauf und Paul holte für jeden zum Essen ein Bier. Jerome betete mit uns gemeinsam vor dem Essen. Im Anschluss daran ließen wir es uns gutgehen und speisten artgerecht.

So brach die Nacht doch schnell herein. Nachdem alles abgeräumt und abgespült war, wollte ich zum zweiten Bier greifen. Doch davon wurde ich abgehalten. Jerome bat um Ruhe und hielt anschließend eine Ansprache.

„Männer – schön das ihr, das wir heute alle da beisammen sind. Vor einigen Wochen hatten Klaus und ich die Idee mit dem alten harten Kern, ein Wochenende zu starten. Ein Wanderwochenende, nur wir, nur wir Männer. Ich hoffe das war eine gute

Idee, denn wir verfolgten diese Idee und nun sind wir heute hier. Ich hoffe das Essen hat auch allen geschmeckt. Sicher habt ihr vernommen, dass für dieses Wochenende bestimmte Dinge geplant sind. Teilweise sind schon ein paar Infos zu euch durchgedrungen. Die Details erfahrt ihr immer rechtzeigt vor den Start. Wir werden wenige Dinge unternehmen, dafür werden wir diese Ereignisse sehr ausdauernd und intensiv erleben. Mir ist bewusst, dass nicht alle so sportlich sind wie ich. Das ist auch ok und darauf habe ich bei der Planung Rücksicht genommen. Das heißt jedoch noch lange nicht, dass ihr nicht ins Schwitzen kommen werdet. Keine Sorge alles ist für jeden von uns machbar. Was morgen passieren wird, das werdet ihr noch erfahren. Nur so viel kann ich verraten. Nachdem wir heute Abend eine gemeinsame Zeit haben werden, empfehle ich euch zeitnah ins Bett zu gehen. Nico, ausschlafen, gibt es nicht, zumindest nicht bei mir und zumindest nicht auf diesem Wochenende. Ist das klar?" Jerome blickte in die Runde und erhoffte sich von jedem eine Zustimmung in Form eines Nickens.

Wie früher im Garten, nun werden wir alle gemeinsam draußen sein, dachte ich mir.

„Es ist schon dunkel und kalt. Zieht euch etwas wärmer an, dann wir treffen uns in fünf Minuten hinter dem Haus an der Feuerstelle", fügt Jerome hinzu.

Zusammenfassung

Lasst es ruhig und in gewohnter Umgebung angehen. Du solltest niemand aus deinem Freundeskreis überfordern, dennoch sollte das Erlebnisse eine gewisse Herausforderung beinhalten.

Praxis

Egal ob alleine, zu zweit oder in der Gruppe.
Erstelle einen Plan für euer gemeinsames Wochenende
oder gar für eine ganze Woche. Zu Beginn kann es
einfacher sein, sich für eine bekannte Umgebung zu
entscheiden.

5   Der erste Abend

Als ich zum besagten Platz hinter dem Haus kam, saßen bereits alle um das Lagerfeuer, auf den Holzbänken. Bis auf einzelne flüsternde Gespräche, herrschte Ruhe. Alle hielten inne und starten ins Feuer. Es fiel mir auf, dass das Feuer nicht allzu groß war, dafür lag neben dem Feuer ein kleiner Stapel mit fein gespalteten Holzscheiden.

„Hat es den noch mehr Holz", fragte ich.

„Es hat noch genug, aber mehr werden wir heute nicht brauchen", entgegnete mir Jerome.

Wieder wurde es still. Auch die flüsternden Gespräche von Paul und Nico stellten sich ein.

„Vater, danke das wir heute hier gemeinsam unter deinem Himmelszelt in Frieden sein dürfen. Hab auch Dank für die Fahrt und das gute Essen. Vater segne du auch den morgigen Tag, den wir gemeinsam bestreiten werden." Mit kräftiger Stimme beendete Jerome diese Ruheunterbrechung.

Ich schaute Jerome an, die anderen starten auch ihn oder das Feuer an. Ich wusste das wir alle was mit der Kirche zu tun hatten. Zumindest war das mal so. Ich persönlich, habe ich mit der Zeit von diesem Thema abgewandt. Die anderen entfernten sich teilweise auch von der Kirche. Auch wenn ich mit Jerome nicht darüber redete, wusste ich stark hinter seinem Glauben stand.

Wir alle warteten auf weitere Worte von Jerome. Gibt das nun ein Gebetsabend, fragte ich mich. Hoffentlich nicht, denn ich weiß doch gar nicht wie so etwas geht.

Im nächsten Augenblick schoss es aus Paul raus, „nicht das wir heute Abend so einen Seelsorge Abend machen."

„Paul, entspann dich, alles ist gut", erwiderte Jerome. „Wisst ihr, wir haben gut gegessen und wurden vom lieben Gott vorzüglich versorgt. Uns geht es doch gut, wozu sollten wir heute Abend einem Kummer Abend veranstalten."

Für einen kurzen Moment machte sich die Stille wieder breit.

„Seht ihr, dass Feuer, es ist nur sehr klein und gibt nicht allzu viel Wärme ab. Nachlegen können wollen wir nicht zu viel. Wir wollen heute ja keinen Tanz ums Feuer machen. Für morgen haben wir andere Pläne, heute Abend haben wir nur das Feuer und uns. In wenigen Minuten wird das Feuer ausgehen. Dann wird nahezu gänzlich dunkel werden," ergänzte Jerome.

Alle schauten sich gegenseitig in die, von den tänzelnden Flammen leuchtenden Augen.

„Klaus hatte die Idee von diesem gemeinsamen Wochenende. Daraus entwickelte sich in uns ein Verlangen danach, dieses Wochenende in Angriff zu nehmen und durchzuführen. Einmal mehr wurde uns, vielmehr noch Klaus bewusst, wie wertvoll, aber auch wichtig dieses Wochenende für uns wäre. Den Klaus und auch ich wussten, dass es uns gut einfach nur gut tun würde ein Wochenende gemeinsam zu verbringen. Um raus zu kommen, um aufzutanken, um uns auszutauschen und uns gegenseitig aufzubauen."

Klaus nahm das Gespräch auf und begann von sich zu erzählen. „Immer wieder dachte ich es geht bei mir aufwärts. Doch immer mehr bemerkte ich, dass es eigentlich immer weiter abwärts ging. Ihr kennt doch alle die Geschichte wie ich aus der WG[9] geflogen bin. Der nächste Schlag, der sich psychisch daran anstellte, war die Tatsache, dass ich wieder bei meinen Eltern zuhause eingezogen bin. Oder mich gezwungen sah, wieder bei ihnen einzuziehen. Paul, dir brauch ich nichts erzählen, du kennst das Gefühl. Über lange Zeit versuchte ich meinen Körper zu heilen und herauszufinden welche Krankheit mich und meinen Körper heimsuchte. Unzählige Dinge, wie Essensunverträglichkeiten, Qigong[10], Meditation und was es nicht alles gibt, habe ich ausprobiert. Nichts hat geholfen, lediglich hat es die Wunden betäubt. Im Vergleich zu damals geht es mir schon besser, aber noch lange nicht gut. Ihr braucht auch nicht so zu tun als wäre bei euch alles gut. Chris mit seinem neuen Girl."

Alle grinsten. Chris blickte verlegen zu Boden. Der Abend nahm eine ganz andere Wendung als ich dachte.

„Johannes mit seiner Freundin und Paul ohne Freundin." Nun musste alle lachen. „Jay mit Job, aber ohne Freundin und Nico ohne Job und ohne Freundin", fügte Klaus hinzu.

„Ich studiere", erwiderte Nico mit einem ironischen, empörten Ton. Klaus spielte den Ball zurück zu Jay, denn sie hatten die ganze Aktion ja

---

[9] Abkürzung für: Wohngemeinschaft

[10] Zu Deutsch auch Chigong, ist eine chinesische Meditations-, Konzentrations- und Bewegungsform zur Aktivierung von Körper und Geist.
Vgl. https://de.wikipedia.org/wiki/Qigong
(Einsichtnahme: 07.01.2021)

schließlich gemeinsam geplant.

„Bevor ich sage, wie es mir gerade geht, beachtetet bitte meine folgenden Worte. Der Abend hat den Zweck, dass jeder einfach das aussprechen darf was ihn beschäftigt. Dabei müsste ihr nicht zu stark in die Tiefe. Eins sage ich euch, ihr braucht nicht jedes Detail preisgeben, aber nachdem ich mit reden fertig bin, muss jeder von euch sagen was ihn aktuell umtreibt und beschäftigt. Wenn das Feuer aus ist. Dann sollte die Gesprächsrunde abgeschlossen sein. Wenn es jemand nicht schafft von seiner Lage zu berichten, dann hat er nachdem das Feuer erloschen ist und man niemand mehr in die Augen schauen kann, die letzte Möglichkeit von sich zu berichten. Wird dies nicht geschehen, dann sitzen wir hier bis morgen früh. Ist das allen klar?!"

Jerome fuhr nach einem kurzen Moment der Stille fort. „Ich konnte mein Studium, mit viel Unterstützung einigermaßen erfolgreich abschließen. Im fliegenden Wechsel habe ich auch einen neuen coolen Job bekommen. Dennoch treibt es mich beruflich um, ich habe das Gefühl, dass das einfach noch nicht alles gewesen sein kann. Außerdem weiß ich nicht was die Zukunft bringen wird, mit Freundin, Familie, Beruf und so weiter." Wieder endete sein Dialog in andächtiger Stille.

Nun waren wohl wir anderen an der Reihe, dacht ich mir. Da der Schmerz meiner Trennung noch so tief in mir saß, dachte ich, ich muss nicht gleich als nächster in die Runde sprechen. Wobei ich in dieser Atmosphäre meine Gefühle hätte zulassen können. Stille hielt weiterhin Einzug in der Runde.

Wieder starten alle in das Feuer und beobachteten wie ein bereits verkohltes Stück auf den Boden fiel und damit einhergehend viele kleine Kohlenstaubteile in die Luft wirbelte. Die Flammen wurden kleiner und schwächer. Das erhöhte den Druck etwas von sich preiszugeben.

Das bemerkte auch Chris, so ergriff er kurzerhand das Wort. „Klaus und Jay, haben ja schon von sich erzählt. Eigentlich läuft es derzeit ganz gut bei mir. Meine „neue", ist übelst geil. Nein Spaß bei Seite, irgendwie ging alles ganz schnell mit ihr. Mir persönlich ging das fast schon zu schnell, eigentlich hatte ich die alte Beziehung noch gar nicht richtig verdaut. Und dann kam sie schon um die Ecke. Ich weiß auch nicht. Naja und beruflich was soll ich sagen. Viele Absagen habe ich als Bewerber, nach meinem Bachelorabschluss erhalten. Nun bin für drei Monate befristet bei einem namhaften Unternehmen angestellt. Da werde ich ganz schön rangenommen, oftmals muss ich sogar samstags ins Büro."

„Samschdichs ins Büro[11]", warf Paul in die Runde. Das war ihm bis dato nicht bekannt. „Samschdichs schaff i drhoim ond helf meim Vaddr[12]", brummelte er in seinem schwäbisch vor sich hin.

„Haben wir nicht alle irgendwo unsere Themenfelder und Probleme", dachte ich laut.

Nico meinte, „außer ich, ich studiere noch."

„Und du hast keine Probleme", warf ihm Paul

---

[11] Wortgetreu: Samstags ins Büro.
[12] Wortgetreu: samstags arbeite ich daheim und helfe meinem Vater.

entgegen.

„Du weißt doch gar nicht wie das Studentenleben wirklich ist", erwiderte Nico. „Ich habe zwar viele Freunde und einige reizende Kommilitonen, aber dennoch merke ich, wie ich der Menge oft alleine bin." Nicos blickte schweifte langsam zu Boden. Für einen Moment hielt er inne. Dann erhob seinen Kopf und öffnete seine Augenlieder. „Jana - ich bin mit Jana zusammen", entwich es seinen Lippen.

„Was", riefen alle gleichzeitig. Alle waren erschrocken, manche waren positiv begeistert, andere waren entsetzt.

„Ich wohne ja bei Jana in der WG gewohnt und da hat es sich dann irgendwie so ergeben", sagte Nico. Alle blicken ihn voller Erwartung an und warteten eifrig wie die Erzählung wohl weiterging. Voller Gelächter viel Nico fast der Bank. Dabei war ein, „Ne, war nur Spaß Leute", zu entnehmen. Ja so kannten wir unseren Nico, seinen Humor hatte er zumindest nicht verloren. Alle lachten.

Plötzlich erlosch die letzte Flamme – nun war es dunkel.

„Geht da nicht doch mit einer was", sagte ich in die Runde.

„So einfach ist das nicht, dass solltest du wissen Johannes", antwortet Nico.

Nun lag der Gesprächsball plötzlich bei mir. „Na gut", gab ich mit einem Schnaufer von mir. „Das Feuer ist zwar schon aus, es scheint jedoch so als wäre ich noch an der Reihe", dachte ich laut. „Ihr habt es ja wohl mit Alessa mitbekommen. Zuerst habe ich mich getrennt das war für mich nicht leicht. Ehrlich gesagt war es sogar ziemlich hart für mich.

Ich war echt down und habe viel geweint. Alles schien auf einmal so ungewiss. Und die letzten Jahre schienen für den Moment als sinnlose Zeit dahingegangen zu sein. Nach ein paar Tagen kam ich dann doch wieder mit ihr ins Gespräch. Immerhin waren wir über 5 Jahre zusammen. Bis heute konnte ich es nicht vergessen, aber ich konnte ihr verzeihen. Dennoch betrügt mich die Sorge, dass sie mich wieder betrügt. Auch die Tatsache, dass es soweit kommen musste, belastet mich unterbewusst. Ich werde es vermutlich nie vergessen können. Wenn ich das so sage, dann fühlt es sich komisch, aber es ein seltsamer Gedanke mit dieser Person die gemeinsame Zukunft zu teilen."

Keiner getraute sich nach diesen Worten etwas zu sagen. Keiner von den Jungs hatte je so eine Situation erlebt.

Nach einer Pause sagte Jay mit auffordernder Stimme, „Paul."

„Ja, ist ja gut", erwiderte er.

Jay grätschte dazwischen und sagte voller Ironie, „es ist dunkel, daher sieht auch keiner, wenn du heulen musst." Auch wenn man es nicht sah, spürte man wie ein schmunzeln durch die Runde ging.

„Ich spreche halt nicht gern über sowas", antwortete Paul.

„Ich weiß, aber dazu sind wir heute hier", antwortete Jerome.

Klaus fügte noch hinzu, „Paul, jetzt stell dich nicht so an."

Paul erwidert, „was soll ich denn überhaupt erzählen."

Wer Paul ein bisschen kennt, der weiß das er

selten, aber gerne einen großen Spruch von sich gibt. Bei Themen, die ihn persönlich betreffen oder in die Tiefe gehen, hält er sich am liebsten raus.

Jerome sagte: „Erzähl wie es dir gerade geht, so wie es alle anderen auch gemacht haben."

Ein unsicheres, mulmiges Gefühl durchfuhr Paul, dass merkte man.

Chris: „Paul! Mach hinne, mir wird kalt!"

Ich: „Alle warten!"

Nico: „Erzähl halt was von deinem Umzug."

Dazu muss man wissen, dass Paul vor gut einem Jahr und voller Vorfreude in eine WG, mit seinen alten Schulkollegen gezogen ist. Damals mussten wir schon alles aus ihm herauskitzeln.

Paul: „Die WG war nicht mehr so, wie ich sie mir vorstellte. Nie räumenten die anderen auf. Immer musste ich alles sauber machen."

Endlich kam er in einen Redefluss, dachte ich mir.

Paul: „Dann wollte ich ja in die Mietwohnung von meinen Eltern ziehen. Da diese nicht frei wurde, musste ich wieder zuhause bei meinen Eltern einziehen. Ja, klar das ist so nicht geil." Mit einem leichten Unterton ergänzte er, „wenigstens muss ich keine Miete zahlen."

Mit diesen Worten wurde es still, draußen unter dem Allgäuer Himmelszelt. Nach einer Zeit der Stille, bewegte sich jeder etwas unruhig auf seinem Platz hin und her. Nachdem die Flammen erloschen waren, die Glut verglommen war und der Abend bereits fortgeschritten war, wurde es immer kälter. Allmählich bewegten sich alle in einer andächtigen

Stille in die warme Almhütte. Ohne ein Wort zu sagen, legte jeder ab. Einer nach dem anderen steuerte die Waschmöglichkeit an. Obwohl die Stimmung an dem Abend besser war als nach dem Gesprächsbeginn gedacht, war niemand mehr in der Lage vor dem Schlafen gehen noch einen Witz zu erzählen.

Zusammenfassung

Der erste Abend. Erste kleine Lagerfeuermomente entstehen. Freundschaften erleben durch erste tiefere Gespräche gemeinsame Beziehungsmomente. Aller Anfang ist schwer, doch es zahlt sich aus.

Praxis

Bei dem Einstieg in den Gesprächsabend ist Vorsicht walten zu lassen. Zu Beginn kann die Stimmung schnell kippen, gehe daher den Abend sachte und nicht zu forsch an. Auch wenn der Abend noch nicht so tief geht, ist der Abend enorm wichtig, den auf ihm baut euer ganzes Wochenende auf.

Lass dich von diesem Kapitel inspirieren und kreiere deine und euere persönlichen Momente.

6 Die Gemeinschaftsaktion

Nach einer sägenden und schlummernden Nacht ertönte der Handywecker aus dem Nachbarbett. Keine Ahnung wie viel Uhr es war, aber es war definitiv zu früh, um aufzustehen. Als ich mich einmal im Bett auf die andere Seite drehte, spähte ich mit halb geöffneten Augen einmal in die Runde um zu sehen ob schon jemand wach ist. Jay, das war klar, vermutlich war es auch sein Wecker, der geklingelt hatte, den alle anderen schliefen noch. Ich schloss meine Augen wieder und versuchte nochmal etwas Ruhe zu finden. Doch das Rascheln der Bettdecke und das Knarzen des Holzbodens, ließ mich nicht zurück in den Tiefschlaf fallen.

Keine Minute später stand Jerome hinter der geöffneten Balkontüre und blickte ins Tal und auf die gegenüberliegenden Berge. Aus dem Nichts heraus schrie er, „Danke du großer und allmächtiger Vater, der du uns Alles gegeben hast, was wir zum Leben brauchen. Du hast die Sonne aufstehen lassen und uns einen neuen Tag geschenkt. Lass uns auch an diesem Tag erkennen, wie wundervoll du die Natur erschaffen hast." Für mich hörte es sich so an als wollte er den Almöhi auf dem Berg, der anderen Seite des Tals, aufwecken. Anschließend hörte ich nur seine Schritte auf dem knarzenden Holzboden im Zimmer näherkommen.

„Morgen Männer, Zeit zum Aufzustehen, heute beginnt das Training", sagte er plötzlich mit ernster Stimme und einem neckischen Abgang. Ich versuchte mich im Bett langsam aufzurichten und blickte in die Runde – keine Reaktion. Im nächsten Schritt machte Jay für diese Uhrzeit seine aggressiv erscheinende Motivationsmusik an. Dabei öffnete er die zweite Balkontüre um noch mehr von der kühlen und frischen Allgäuer Morgenluft herein zu lassen. Das bewegte die Jungs jedoch nur noch mehr dazu sich weiter unter der Bettdecke zu verstecken und sich das Kopfkissen über die Ohren zu halten. Chris war außer mir der Einzige, der zumindest schon aufrecht im Bett saß. Daraufhin lief Jerome durch das Zimmer und zerrte an den Bettdecken der anderen. Da sich Nico so stark an die Bettdecke geklammerte hatte, riss ihn Jerome fast samt der Decke mit vom Bett. Im letzten Moment versuchte er sich auf der Matratze zu halten, um eine unangenehme Begrüßung mit dem Holzboden zu vermeiden.

„Männer schön, dass ihr alle wach seid." Jerome stellte dabei die Musiklautstärke etwas zurück. „Heute ist unser großer Tag. Heute steht uns die große Wanderung bevor."

„Was, du hast doch zu Beginn gesagt, dass du die Wanderung auf ein Niveau anpasst, dass jedem gerecht wird!", rief Paul in die Runde.

„Ja schon klar, deswegen werden wir auch nicht gleich mit der Wandung starten, sodass sie sich nicht über den ganzen Tag zieht", erwiderte Jerome.

„Und warum holst du uns dann so früh aus den Federn?", fragte Chris.

„Naja sagen wir es mal so, Morgenstund hat Gold im Mund[13]," grinste Jerome.

„Was soll das bedeuten?", fragte Nico in die Runde.

---

[13] Deutschsprachiges Sprichwort

„Momentmal, was hast du heute Morgen mit uns vor?", fragte ich direkt hinterher.

„Ihr seid schon auf dem richtigen Weg", schmunzelte Jerome. „Wir wollen heute Morgen mit einer Gemeinschaftsübung starten und die Morgenfrische genießen." Als ich das hörte, dachte ich mir hoffentlich machen wir draußen keinen Singkreis oder so etwas, wo einen auch noch jeder sehen kann. „Wir werden uns jetzt umziehen. Ich habe euch doch gebeten neben der Wanderausrüstung, auch ein Shorts und Laufschuhe mitzunehmen."

„Jay es ist 6 Uhr in der Früh!", sagte Nico.

„Sehr richtig noch sind wir zeitig dran, auf geht's zieht euch um, und zwar zügig", erwiderte Jerome.

Keine fünf Minuten später standen wir alle in unseren Sportschuhen, Short und T-Shirt vor der Türe. Von dort aus konnten wir diesen wundervollen Morgen bestaunen und ließen dabei Blick in das Tal schweifen. Es war wunderschon. Der Tau legte sich über die Nacht auf die gesamte Landschaft nieder, alles glitzerte und schimmerte. Das frisch gemäht Gras duftete und zog direkt in meine Nase. Durch das Tal zogen die weißen Nebelschwaden. Ein Traum.

Jerome konnte bei diesem Blick auch nicht still bleiben und teilte seine Gedanken mit uns. „Seht ihr, dass ist mit unter einer der Gründe, warum wir so früh aufgestanden sind. Schaut euch die Natur an. Durch die Nase, die Augen, die Ohren und die Haut können wir die meisten unserer Sinne wahrnehmen. Um das ganze jetzt noch etwas erlebbarer zu machen, werden wir jetzt gemütlich losjoggen. Ich weiß das manche von euch derzeit keinen Sport machen, dass soll uns aber nicht daran hindern, in diesen wunderschönen frischen Morgen zu starten."

Jerome setzte als erster einen Fuß vor dann anderen, dabei wurde er langsam immer schneller, bis er ein lockeres Lauf Tempo draufhatte. Daran hielt er dann fest. Uns voran, lief er die Serpentinen herunter, die wir gestern hochgefahren sind. Dabei versuchten wir ihm gleichmäßig auf den Schritt zu folgen. Die starke Abwärtsbewegung zog mir von meinen Füßen bis in die Knie. Von der Stille am Morgen die Laufgeräusche bis hin zum Ächzten und Stöhnen konnte man alles vernehmen. Man merkte, dass sich viele geistig noch im Schlaf bewegten und nur allmählich durch die körperliche Bewegung, geistig zu Sinnen kamen. Unten im Tal bei den Nebelschwaden angekommen, bogen wir hinter den Eisenbahngleisen links ab. Der Weg endete nach einem kurzen weiteren geteerten Stück auf einem Wiesen-Schotter-Weg. Trotzt der Müdigkeit versuchte ich die Natur wahr zu nehmen. Während des Laufes beobachtete ich die Nebelschwaben, die nun zwischen und über uns in der Luft hingen. Alle konnten mit dem diesem Tempo erstaunlich gut mithalten, wenn auch nur mit viel Anstrengung, denn von hinten hörte man es ganz schön schnaufen. Der Weg verlief mehr oder weniger entlang der Bahngleise, mal ging es durch ein Gebüsch, mal durch eine Baumallee, dann wieder aufs freie Feld. Während ich mich die ganze Zeit fragte, ob es sich bei der Gemeinschaftsübung nur um eine Runde Joggen gehen handelte oder ob Jay noch etwas mit anderes mit uns vorhatte. Ansonsten hätte er direkt vom

Frühsport oder einer Runde Joggen gehen erzählen können. Plötzlich erblickten meine Augen in unmittelbarer Nähe einen See, der mit Nebelschwaden verkleidet war. Das Wasser war so klar und leuchtet in einem tiefen schimmernden Blau. Nach ein paar weiteren Schritten auf dem Feldweg wich Jerome vom Weg. Er ging auf einen Trampelpfad in Richtung See weiter. Am Ufer befand sich eine hölzerne Parkbank, an dieser machte er Halt.

„Wer hat auch schon alles auf die Gemeinschaftsübung gewartete", stellte sich Jerome fragend mit einer Ausstrahlung, die nur vor Vorfreude sprudelte, vor die Gruppe.

Entweder hat es allen die Sprache verschlagen oder sie warteten einfach ab was passierte. Tiefes Schnaufen und laute Atmung füllten den Geräuschpegel aus.

„Nachdem es alle bis hierhin geschafft haben, worüber ich mich sehr freue und auch sehr stolz bin, werden wir nun mit der erwartenden Übung starten. Diese Gemeinschaftsübung ist vielleicht nicht, dass was man klassischerweise unter einer Übung versteht. Es bedarf viel Vertrauen und dem respektvollen Miteinander. Und um das nochmal klar zu stellen, ich hoffe ihr erinnert euch an gestern Abend. Alles, und zwar wirklich alles, was an diesem Wochenende passiert, geschieht und erlebt wird, bleibt auch hier. Verstanden?", entgegnete Jerome. Dabei blickte er mit einem ernsten Blick in die Runde. Alle stimmten zu oder schwiegen einvernehmlich. „Na los", rief er, „ab ins kalte Nass" und riss sich anschließend sein Shirt vom Leib.

Aus der zweiten Reihe ließ Klaus einen humorvollen Schrei von sich, „ich wusste gar nicht das Adonis auch mit auf dem Wochenende dabei ist."

Ein gelechter ging durch die Runde. Jerome war wohl einer der selbstlosesten und demütigsten Personen, die ich jemals kennen gelernt habe. Zudem hatte er ein Körper - unbeschreiblich. Jerome hatte zu diesem Zeitpunkt keine Freundin. Da sieht man, dass nicht zwingend ein Zusammenhang zwischen der körperlichen Attraktivität einer Person und dessen Beziehungsstatuts steht. Wie das nur zu häufig suggeriert wird.

„Momentmal wir haben gar keine Badeshorts dabei, sollten wir etwa mit den Sport-Shorts ins Wasser gehen?", fragte ich laut in die Runde.

„Textilen brauchen wir ab jetzt nicht mehr. Der der als erster am anderen Ufer ist," gab Jerome leicht provokant mit einem Lächeln von sich. Obwohl wir uns schon so lange kannten, haben wir uns alle noch nie komplett nackt gesehen. Für mich fühlte sich das komisch an. Jerome war bei so etwas viel lockerer drauf. Als Jerome bereits im Adamskleid am Ufer stand, sagte er, „nicht so zimperlich, es ist nur Wasser." „Kommt rein ins kalte Nass," rief er, als er schon zur Hälfte im Wasser war. „Es ist herrlich."

Allzu kalt konnte es wohl nicht sein und die Sonne war mittlerweile gänzlich hinter den Nebelschwaden zu erkennen, sodass es ja nur wärmer werden konnte. Die meisten von uns waren doch auch etwas zögerlich, bis auf Klaus er folgte Jerome kompromisslos ins Wasser. Daraufhin folgten die anderen. Als alle im Wasser waren, begann Jerome los zu schwimmen, in Richtung des anderen Ufers. Nach ein paar Metern fühlte man sich, als wäre man bereits inmitten des Sees angekommen. Für mich war ungewohnt, denn ich war schon lang nicht mehr schwimmen gewesen. Etwas angst machte sich in mir breit, es gab nun kein Zurück mehr und es gab auch niemand der mich an dieser Stelle hätte retten können. Zum einen gab es keine Sicherheit, zum anderen fühlte man sich ein wenig machtlos und angreifbar und sogar etwas bloßgestellt, weil man nichts, also rein gar nichts mehr anhatte.

Jerome hörte inmitten des Sees auf zu schwimmen, dann drehte er sich zu uns um und versuchte sich auf der Stelle über Wasser zu halten. „Ich möchte euch heute Morgen ja noch nicht für den ganzen Tag auspowern. Mir war es wichtig, dass ihr alle mit ins Wasser kommt und wir ein paar Meter gemeinsam schwimmen. Spürt ihr es, fühlt ihr es. Die Morgenfrische, die seines gleichen sucht. Die Sonne, die immer weiter hinter der am Horizont stehenden Bergkette zum Vorschein kam. Hier sind wir ganz unter uns, in Ruhe. Schafft ihr es noch ein paar Meter mit mir oder gar bis ganz nach drüben?", fragte Jerome.

„Mir wird glaube ich so langsam kalt", sagte Chris.

„Weit kann ich nicht mehr", sagte Paul.

Auch ich wollte nicht arg viel weiter in den See schwimmen.

„Also gut, seht ihr da vorne die Entenfamilie schwimmen, bis dahin werden wir es wohl noch schaffen und dann drehen wir um, einverstanden?", antworte Jerome. Das war keine Frage, sondern eine

Aufforderung. Obwohl die meisten von uns schon vor Anstrengung keuchten, versuchten wir die letzten Meter vor der Wende, zurück zu legen. Nach nur wenigen Zügen waren wir bereits an der vereinbarten Stelle der Entenfamilie angekommen und schwammen nun in Richtung Ufer zurück. Hin und wieder spürte man ein paar Algen und andere Seegewächsen, die einem durch die Zehen glitten und an den Füßen vorbeistreiften. Auf der Wasseroberfläche musste man kleine Äste und Blätter aus dem Weg räumen. Mit Fischen kamen wir nicht in Kontakt. Als wir alle gut, aber außer Atem am Ufer angekommen waren, hielt wir kurz inne. Dabei hielten wir uns noch ein wenig im Wasser auf und genossen die gemeinsame Zeit im Wasser. Jetzt waren wir alle aufgewärmt und das Wasser am Ufer war auch wärmer als das Wasser inmitten des Sees, sodass keiner frieren musste.

„Ich bin froh, dass ich doch mit ins Wasser gegangen bin", sagte ich.

„Schwimmen tut echt mal wieder richtig gut," ergänzte Klaus.

„Richtig erfrischend Alter," fügt Nico hinzu.

„Ich bin voll am Arsch, jetzt macht mal halb lang," gab Paul mit einem ironischen Lachen von sich.

„Schön, dass ihr alle mit reingekommen seid", sagte Jerome. „Wisst ihr, es ist mehr als nur ins Wasser gehen, schwimmen und den eigenen Körper spüren. Die Muskeln und der ganze Herz-Kreislauf werden dabei angesprochen. Doch das wichtigste ist, dass Angst, Ungewissheit und vielleicht auch die Scham überwunden wurden. Im Nachhinein bin ich mir jedoch sicher, es hat uns allen gutgetan und uns weiter zusammengeschweißt. Und das ist bei Weitem noch nicht alles, erinnert ihr euch noch an das was ich heute Morgen und gestern Abend gesagt habe?"

„Gemeinschaftsaktion", gab ich von mir.

„Sehr richtig Johannes, vielleicht spürt ihr es jetzt noch nicht, aber was wir heute Morgen schon getan haben ist sehr wertvoll," gab Jerome voller Stolz von sich. Allmählich wurde es kälter, denn der Körper kühlte mangels Bewegung aus. „Also raus mit euch," sagte Jerome. „Da wir keine Handtücher dabeihaben, schaut einfach, dass ihr ein wenig an der Luft trocknet, bevor ihr euch wieder anzieht. Den es gibt's nicht unangenehmeres als mit einer nassen Shorts joggen zu gehen," fügte Jerome hinzu.

Nachdem alle einigermaßen getrocknet und wieder angezogen waren, begab sich die Gruppe frisch und munter auf den Rückweg. Die Sicht auf dem Rückweg war schon deutlich klarer, da die einzelnen Nebelschaben kaum noch ersichtlich waren. Zugleich gab die Sonne alles, um ihrer Aufgabe nachzukommen, nämlich Wärme zu spenden. So schien uns die Sonne gemütlich auf den Nacken und den Rücken. Alle waren gut drauf, aber auch schon etwas fertig vom Joggen und natürlich auch vom Schwimmen. Aber alle kämpften wir uns wieder die Serpentinen hoch. Jeder in seinem Tempo. In der Reihenfolge, in der wir ankamen, sprangen wir schnell unter die Dusche und richteten zusammen das Frühstück an.

Da war es wieder, ein lautstarkes Gebet von Jerome, wieder fragte ich mich was das eigentlich soll. Hatte es eine Auswirkung auf mich, auf mein Leben – auf uns alle hier?

„Vater, du siehts diesen Morgen, du hast alles

so wunderbar angerichtet. Du hast uns durch das Wasser erfrischt, dass hat uns neue Energie gespendet. Du hast uns durch die aufgehende Sonne, Wärme spüren lassen. Und natürlich möchten wir dir auch für das leckere Essen Danke sagen. Amen. Guten Appetit euch. Spart nicht mit dem Essen, denn der Tag wird noch einiges mit sich bringen und ihr werdet wohl noch mehr Energie für den Tag benötigen als heute Morgen. Wobei es nach diesem Morgen nicht mehr ganz so extrem werden wird."

Alle hatten großen Hunger und aßen fleißig. Die Atmosphäre wurde angenehm und ruhig. Das Essen brachte neue Energie hervor und verbreitete eine gute Stimmung. Kurze Gespräch und Gelächter begleiteten die gemeinsame Zeit.

Immer wieder bewegten mich Gedanken zu den Gebeten. Eigentlich dachte ich mal zu wissen für was und warum wir beteten. Aber irgendwie ist es schon sehr lange her und in meinen Hinterkopf geraten. Was steckte wohl hinter diesem Gebet? Dieser Gedanke ließ mich nicht los. Hatte es eine Bedeutung oder gar eine Auswirkung auf mich und mein Leben? Diese Frage begleitete mich die ganze Zeit über. Ich grübelte aber fand keine Antwort auf diese Frage, zumindest vorerst nicht.

Zusammenfassung

Nutze den Morgen und seine Frische. Je größer die Hemmschwelle, desto lebendiger, intensiver und ehrlicher ist das Gefühl, in dem die Freundschaft wachsen und leben kann.

Praxis

Generell kann ein Frühsportprogramm mit einem Abstecher in einen See nur Glücksgefühle im Übermaß auslösen. Wenn du oder deine Freunde nicht so sportlich fühlen, empfiehlt es sich dennoch ein Frühsportprogramm durchzuführen, dann gegebenenfalls in angepasster Form. Da die Gemeinschaftsaktion vertrauensbasiert abläuft, hilft der Frühsport in diesem Fall das Joggen dabei, erste Hemmnisse fallen zu lassen.

Fordere deine Freunde heraus, im Nachgang werden sie die dafür dankbar sein, auch wenn sie es dir nicht sagen werden.

7 Die Wanderung

Um Punkt 8.30 Uhr trafen wir uns zur Abfahrt. Alle packten ihren Rucksack in den Kofferraum, setzten sich ins Auto und schnallten sich an.

Obwohl wir nicht wussten was passiert, lag die Vermutung nahe, dass es nun in die Berge ging. Alle hatten ihre Ausrüstung dabei oder noch von gestern Fahrt im Auto gelassen. Jerome verriet noch nicht allzu viel, den Weg musste er mir dennoch zeigen. Vom Beifahrersitz aus hörte ich immer nur „vorne links" oder „die nächste rechts weg". Nicht selbstverständlich und zugleich bewundernswert, dass alle noch so fit waren, nach dem bereits absolvierten Frühsport bzw. dem Gemeinschaftsprogramm. Selbst für mich war das Frühsportprogramm nicht ganz ohne. Vielleicht waren wir auch gerade wegen des Frühsports so fit. Die Tatsache, dass man gemeinsam etwas unternahm, obwohl es einen, körperliche Energie kostete, verhalf es einem dennoch mentale, aber auch physische Energie zu gewinnen.

Da standen wir nun, auf einem verlassenen Parkplatz „in the middle of nowhere[14]", mitten in der Natur, am Fuße eines Berges. Kein weiteres Auto stand auf dem Parkplatz, keine Wanderer, einfach niemand außer uns war hier. Obwohl wir diesen Parkplatz noch mit einer geteerten Straße erreicht hatten, waren wir gefühlt schon Kilometer weit außerhalb der Zivilisation. Zuvor sind wir noch an einer Liftstation vorbeigefahren, aber das war es auch schon gewesen. Selbst der zugehörige Parkplatz,

---

[14] Bedeutung: „Mitten im Nirgendwo"

von der links liegen gelassenen Liftstation, war nur mit einer Handvoll Autos bestückt.

„Nochmal kurz ein paar Worte von unserer Seite, bevor es losgeht, nicht war Klaus", lachte Jerome. „Wie ihr bereits wisst und es auch bereits mehrmals betont wurde, hatte Klaus diese Idee, insbesondere die mit dem Wandern. Falls es euch heute nicht gefällt, beschwert euch bei ihm." Ein Lachen ging durch die Runde, während Klaus in seiner Art spaßeshalber mit seiner Faust auf Jeromes Schulter schlug. „Heute steht uns die Wanderung bevor. Die Route ist geplant und die Strecke sollte für jeden machbar sein," sagte Jerome. Zunächst suchen wir die Wanderschilder auf. Nachdem Jerome wusste wo es hingehen sollte, marschierten wir los. Bereits der Beginn des Wegs war mit einigen losen Steinen gespickt. Nach einem kurzen Anstieg, wurde der Weg entlang der Bergwand etwas flacher. Dennoch ging es immer weiter nach oben. Zur Linken stand die riesige graue Felswand fest unerschütterlich in der Landschaft. Zu unserer Rechten und vor uns bestand die Landschaft mit saftigem grünem Gras. Diese naturbelassene Weide, war zierte sich felsig und uneben. Das Wetter war schön. Mittlerweile stand die Sonne schon schön weit oben am Himmel, im Vergleich zu heute Morgen als sie gerade erst am Aufstehen war. Ruhig war es, sogar sehr ruhig. Wunderschön, es sah hier aus wie eine Bilderbuch Idylle. Bei dem ein oder anderen machte sich allmählich die Muskulatur in den Beinen bemerkbar, da diese bereits am Morgen beansprucht wurde.

Auch in unserer Gruppe war es erstaunlich ruhig. Hin und wieder gab Nico ein paar Worte von sich, während Chris versuchte ihm auf der Spur zu folgen. So legte die Gruppe weitere Schritte auf dem noch ausgeschilderten Wanderweg zurück. Durch das erhöhte Schritttempo wurde die Verständigung zunehmend schwieriger. Auf die Worte und Sätze die Nico von sich gab und die davon bei Chris akustisch ankamen, versuchte Chris Nico eine Antwort zu geben. Und das obwohl Nico lediglich vor sich hin erzählte, denn er war eigentlich nicht gewillt einen wirklichen Dialog mit jemanden zu führen. Unter anderem dadurch zeigte sich in ihm die allgemeine Anstrengung, mit der die Gruppe zunehmend zu kämpfen hatte. Fortlaufend konzentrierte sich jeder auf den Weg und den Tritt seines Vordermanns, soweit er ihm noch folgen konnte. Wir waren nicht im steilen und steinigen Gebirge unterwegs, aber selbst auf diesem vergleichsweisen harmlosen Wanderweg, hätte jeder falsche Schritt das Ende der Tour bedeuten können. Und mal ganz von einem möglichen Ende der Tour abgesehen, wie sollte uns hier jemand retten. Zumindest hatte ich, völlig den Überblick verloren und Handyempfang hatte ich auch schon lang keinen mehr.

„Wann machen wir endlich," Paul grätschte Klaus mitten in den Satz herein mit, „ja wann sind wir endlich da?" „Gehen wir auf eine Hütte zum Essen und was zu trinken," ergänzte Paul.

„Ich müsste so langsam auch mal, also ihr versteht schon, am Baum war ich vorhin schon!", gab Nico von sich.

„Könnt ihr euch alle noch an heute Morgen erinnern, als ich sagte, dass sich jeder seine Tagesration Vesper und Getränke richten soll," gab

Jerome zurück in die Runde.

„Ja ich habe ja auch ein Vesperbrot dabei, aber ich habe viel mehr Hunger und Lust auf eine Schweinshaxe oder eine Gulaschsuppe", sagte Paul.

„Schon klar Paul, warte einfach noch ein wenig", antwortete Jerome, getreu dem Motto „dr Hongr zwengts nei[15]." „Früher oder später wird dein Hunger voraussichtlich eh noch größer sein, dann wirst du gezwungenen Maßen dein Vesperbrot essen. Nochmal an alle, aktuell machen wir noch keine Pause, wir können kurz was trinken und dann laufen wir weiter. Vor uns liegt wie gesagt eine machbare Strecke, dennoch wird die Tour noch einige Zeit in Anspruch nehmen. Außerdem, schaut euch mal den Himmel an." Erste Wolken zogen auf und verdeckten hin und wieder die Sonne. „Könnte ihr euch noch an den schönen Sonnenaufgang von heute Morgen erinnern, als wir im See waren? Oder als die Mittagssonne vorhin noch richtig schön am Himmel strahlte. In den Bergen weiß man nie wie sich das Wetter entwickelt. Lasst uns lieber zügig weiter gehen."

Kurze Zeit später zog es weiter zu. Aus den noch grauen Regenwolken wurden plötzlich schwarze Gewitterwolken. Da ging es auch schon los, die ersten Tropfen fielen vom Himmel. Das war nur der Anfang, denn kurze Zeit später fing es extrem an zu schütten. Wir alle hatten kurze Hosen an, der kühle Wind machte sich an unseren Beinen bemerkbar. Jeder hatte seine Regenjacke übergezogen. Jerome

---

[15] Wortgetreu: „Der Hunger zwängt es rein." Bedeutung: „Der Hunger zwingt einen auch das zu essen was einem nicht so lieb ist."

lief immer schneller, bis sich das hektische Laufen in ein Rennen verwandelte. Er dreht sich nochmal kurz zu uns um und gab uns folgendes zu verstehen, „auf schnell da vorne, ab unter die Hütte." Wir alle wussten was gemeint war, obwohl man Jerome bei diesem lautstarken Regen kaum verstehen konnte. Hals über Kopf flüchteten wir Jerome hinter her. Abseits vom ausgeschilderten Weg musste man richtig aufpassen, große Löcher und Steine bedeckten die Wiese, die zur Hütte führte. Von oben donnerte es das erste Mal. Um mich zu schützten versuchte ich mich in meiner Jacke komplett einzupacken. Um den Anschluss an Jerome nicht zu verlieren und dem Unwetter schnellst möglich zu entkommen, zerrte ich meinen Rucksack fest, um so noch schneller rennen zu können, als ich es eh schon tat. Auch das Gras und der Untergrund wurden immer nasser. Nun ging es bergab, dass weitere Stück das zu Hütte führte, erschloss sich über einen Hang. Es war nicht einfach nur ein Hang, sondern ein ziemlich steiler Abhang. Das Wetter machte das Gras, samt klietschiger Steine, zu einer Rutschpartie.

„Ahhhh!" schrie Nico. Dieser Schrei von einigen Metern Entfernung deutlich hören. Ich drehte mich direkt um und konnte das unkontrollierte Geschehen beobachten. Nico rutschte auf einer Felsplatte aus und landete daraufhin mit Rücken auf der Wiese. Anschließend rutschte er den Abhang hinunter. Keiner konnte ihn stoppen. Ehe er bremsen konnte, schanzte er über eine Felskante. Die schlagartige Landung setzte dem Ganzen ein Ende. Da lag er nun unser Nico, er regte sich nicht mehr. Alle rannten zu ihm und starrten ihn vor Schock stillschweigend an. Langsam öffnete er seine Augen und sagte, „wie konnte den das passieren."

„Nico, alles gut bei dir?", fragte ich. „Nico kannst du mich hören," ergänze ich.

Er war völlig in Schockstarre. Nach einer langen Atempause sagte er, „ja geht schon irgendwie, nur mir tut alles weh."

„Wie schlimm ist es, was tut dir alles weh?", fragte Chris.

„Hey, alter Nico, alles klar bei dir? Was machst du denn da für eine Akrobatik?", ergänzte Klaus. Er hatte wohl das Gefühl, dass es nicht ganz so schlecht um unser aller Kumpel Nico stand. Alle versuchten sich das Lachen zu verkneifen, außer Nico lächelte ein wenig. Dann hustete er ganz laut. Er stöhnte. Vermutlich ging ihm diese Landung voll aufs Kreuz und die Lunge. Gemeinsam versuchten wir Nico zu stabilisieren. Nachdem sich sein Atem etwas beruhigt hatte, versuchten wir ihm auf die Beine zu helfen. Dabei bemerkten wir, dass sein linkes Hosenbein auf der Rückseite, von oben bis unten einmal komplett aufgerissen war. Der Fels, über den er flog, war wohl an der aufgerissenen Hose schuld. Vorsichtig stellte Nico sein linkes Bein auf den Boden und versuchte es zu belasten, dabei hatte er starke Schmerzen. Er griff nach meiner Hand und krallte sich in meine Jacke, um halt zu finden. Er versuchte erst gar nicht weiter sein rechtes Bein zu belasten. Der Scherz und der Schock saßen tief. Nico vergoss eine Träne, welche sich mit einem Regentropfen auf seiner Wange vermischte. Zugleich verließ sein Gesicht ein kurzes aber hoffnungsvolles Lächeln.

So konnten die Wanderung definitiv nicht wie geplant fortgeführt werden. Zudem sind wir jetzt auch noch einige Meter vom Weg abgekommen und hier in Mitten des Hangs gestrandet. Von Weitem war diese Hütte noch als Berghütte zu erkennen. Je nähe man kam, desto mehr entpuppte sich diese Hütte als eine alte Scheune, von der über die Jahre nicht mehr allzu viel übriggeblieben war. Ein verrostetes Wellblechdach hielt das restliche Gebilde zusammen. Zum Glück war die Hütte nicht mehr allzu weit entfern. Wir brachten Nico langsam und schmerzhaft unter das Vordach wo sich eine Holzbank befand. Leider lag unser Erste-Hilfe-Kurs von der Führerscheinprüfung mittlerweile schon etwas zurück, sodass ein adäquates Vorgehen nicht gewährleitetet werden konnte. Ich bei zwar bei der Freiwilligen Feuerwehr, aber noch habe ich meinen Grundkurs in dem der Erste-Hilfe-Kurs inkludiert ist, noch nicht absolviert.

„Was sollen wir denn jetzt machen?", fragte ich etwas rat los, im Regen stehend, in die Runde. Ich schaute Jerome erwartungsvoll an. Ich wusste das jeder auf sein eigenes Risiko mit auf diese Wanderung ging, aber dennoch war er derjenige der die ganze Gruppe leitete. Was würde er wohl tun, fragte ich mich. Jerome war sicher nicht der Mann der großen Worte. Und einer der zuerst dachte bevor er machte.

Nachdem Jerome, Nico so auf der Bank sah, musterte er ihn einmal komplett. Sein Blick schweifte von der Hose, entlang des Risses, bis zu seinem Gesicht. Dort stoppte er und schaute ihm tief in die Augen. „Nico mein Freund, wie geht es dir?"

Nico wich seinem Blick nicht aus und antwortete zögerlich, „mein Bein tut weh."

„Ok, aber deinem Kopf und deinem Rücken geht es gut?", fragte Jerome.

„Ja, geht so, es zieht etwas im Rücken", antwortete Nico.

Jerome ging einen Schritt auf Nico zu und kniete sich vor ihm nieder. Er versucht von der Seite, durch den Riss in der Hose zur Wunde zu schauen. „Kannst du dich etwas auf die Seite drehen, dass ich mir zumindest mal dein Bein anschauen kann", sagte Jerome.

Nico stützte sich mit beiden Armen auf der Bank ab und drehte sich mit dem Körper ein Stück zur Seite. Dabei stöhnte er laut, man merkte, dass er einen Schmerzensschrei unterdrückte. Es blutet aus der Schnittwunde heraus. Hoffentlich wusste er was er da tat. Das sah gar nicht gut aus. Zum Glück floss das Blut nicht in Strömen aus seinem Bein. Jemand sollte dringend Hilfe holen, denn die Wunde klaffte weit auseinander. Ich zückte mein Handy und blickte rechts oben auf den Bildschirm – kein Empfang.

„Na toll", seufzte ich. „Wir haben hier keinen Empfang. Und heute haben wir hier auch noch keine anderen Personen gesehen, außerdem sind wir völlig vom Weg abgekommen. Was sollen wir nur tun."

Niemand antworte mir. Alle waren perplex. Sie starrten entweder auf Nico und Jerome oder versucht im umliegenden Gelände eine Lösung zu finden. Jerome fuhr mit seinen Fingern vorsichtig über die Wunde. Dan fuhr er nochmals über die Wunde. Es musste ihm etwas aufgefallen sein. Bei genauerem Hinsehen, konnte man nur eine Auffälligkeit unter dem Blut erkennen. Vielleicht verhakte sich bei dem Absprung, in seinem Bein ein Stein. Zumindest war diese Auffälligkeit komplett mit Nicos Blut überflossen. Jerome begutachtete die Wunde, insbesondere der auffälligen Stelle. Er überlegte in Stille und in einer Ruhe, die seines gleichen suchte. Dann packte Jerome seinen ganzen Mut zusammen und Griff bloßen Händen in die Wunde. Mit voller Konzentration versuchte er den Fremdkörper aus der Wunde zu bekommen. Er zog und zerrte an dem Fremdkörper. Dieser musste sich unter der Haut festgefahren haben, den Jerome konnte ihn nicht einfach aus der Wunde herauslösen. Er zog seine Blutverschmierte Hand aus der Wunde und begutachtet die Wunde von neuem. Während Nico mit anhaltenden Schmerzen zu kämpfen hatte, versuchte ihn Klaus mit seiner Anwesenheit Beistand zu leisten. Das es während dessen immer noch wie in Strömen regnete, hatten wir mittlerweile schon fast vergessen. Alle fokussierten sich auf den Moment und waren mental ganz bei Nico. Jerome ließ nicht locker, mit einem zweiten Anlauf glückte der Versuch, den Fremdkörper aus der Wunde zu entfernen. Doch im selben Moment als er den Fremdkörper entfernt hatte, stoß neues Blut aus der Wunde. Es war ein Stein der sich in der Wunde festgefahren hatte. Kurzfristig schloss dieser die Blutader. Doch so konnte es nicht weiter gehen, denn der Blutfluss war nicht zu stoppen. Um unseren Nico stand es in diesem Augenblick nicht sonderlich gut. Umgehend mussten wir verhindern, dass seinen Körper noch mehr Blut verlies. Jetzt war ich an der Reihe, Druckverband - das war meine Spezialität.

Zuvor blickte Jerome noch zu Paul, vorbildlich hielt er seinen Flachmann bereit. Jerome nahm den Flachmann dankend entgegennehmen, dabei nickte er ihm vertrauenswürdig zu. Als er den Flachmann ergriff, schaute er ihn nochmals fragend an und sagt, „klar?"

„Klar, natürlich klar, ist Zwetschge von meinem Opa", antwortete Paul.

„Sehr gut. Das tut mir leid, aber die Zwetschgen brauchen wir jetzt für was anderes", antwortete Jerome. Dabei wandte er sich zu Nico und inspizierte die Wunde noch ein letztes Mal. Ohne zu zögern kippte er anschließen langsam, aber sicher den gesamten Flascheninhalt über die Wunde. Nico ließ dabei mehrfach unwahrscheinlich laute Schreie von sich. Jerome ignorierte diese gekonnt und versuchte sich stattdessen auf die Heilung der Wunde zu konzentrieren. Irgendwie beruhigend – diese Schreie - dacht ich, ein Lebenszeichen.

„Johannes, dein Part, du machst den Druckverband", sagte Jerome.

„Wir haben aber keinen Verband", rief ich.

Jerome zog seine Jacke aus und riss sich sein Oberteil vom Leib. „Hier nimm mein Oberteil", antwortete er.

„Ich tue was ich kann", sagte ich. Bereits nach dem ersten Versuch tropfte nicht mehr allzu viel Blut aus der Wunde auf die Bank und von da aus auf den Boden. Es schien sich etwas zu beruhigen.

„Nico am besten wir legen dich jetzt erstmal richtig hin, dass du dein Bein hochlegen kannst, so wird dein Körper weniger Blut verlieren."

Chris schaut sich in der Zwischenzeit etwas um, um die Lage zu erkunden. Dann kam er die zwei Treppenstufen neben der Hütte wieder zu uns hoch. „Ich habe versucht die Türe zu öffnen, wir können rein", sagte er. Das war ein gutes Zeichen.

Erneut schaute ich nach dem provisorischen Druckverband und festigte ihn nochmals. Im Anschluss packten wir Nico gemeinsam, ganz vorsichtig und trugen ihn die Stufe neben der Hütte hinunter. Chris öffnete für uns die Türe der Hütte. Nun kamen wir ins Trockene, wir schauten uns um. Die ganze Hütte war voller getrocknetem Heu, es duftete herrlich. Wir suchten uns eine bequeme Stelle für Nico aus. Chris brachte das Heu noch etwas in Form, sodass es Nico bequem hatte. Hier konnten wir Nico zunächst einmal hinlegen.

„Mach die Tür zu es zieht," rief Klaus. Trotz der geschlossenen Türe, pfiff der Wind durch die losen und verrutschen Balken in der Hütte.

Alle verschnauften erst einmal und versuchten den Schock zu verdauen. Wieder wurde es still, man hörte wie die unzähligen Regentropfen auf das Dach bitzelten und dann donnerte es ein weiteres Mal. Nur ein paar Sekunden später Blitze es, es erschien ein helles Licht, an dem bereits dunkel gewordenen Himmel. Wir saßen, knieten oder standen um unseren verwundeten Kumpel Nico herum.

Immer wieder schaute ich Nico ins Gesicht und auf seine Wunde.

„Nico wie geht es dir, was macht die Wunde?", sagte ich. Denn ich hatte das Gefühl, dass der Schmerz weiter anhielt, aber auch nicht schlimmer wurde.

„Ich glaube es wird besser, danke!", sagt Nico.

„Keine Ursache", antworte ich. „Blutet es mitteile weniger?", erwiderte ich seine Reaktion.

„Ja glaube schon, ich glaube es hat fast aufgehört", sagte Nico.

„Das freut mich", sagte ich.

Nun saßen wir da, es regnete weiterhin ununterbrochen. Das Regengeräusch hatte eine entspannte Wirkung auf uns. Noch zwei weitere Male blitze und donnerte es. Alle hatten es sich mittlerweile im Heu gemütlich gemacht. Nachdem diese Schocksituation fürs erste verdaut war, machte sich Pauls Hunger wieder bemerkbar. Sachte öffnete er seinen völlig nassgeregneten Rucksack, kramte nach seinem Vesperbrot und holte es anschließend heraus. Nun war er über sein selbst gerichtetes Vesper überglücklich. Generell war bei uns so gut wie alles Nass geregnet worden. Da es zudem sehr kalt geworden war und wir zudem nur kurze Hosen anhatten, vermochte sich keiner von seinen Kleidern, zum trocken, zu trennen. Klaus und Jerome schauten sich gegenseitig an. Keiner der beiden sagte etwas, beide wusste was Sache war und was nun auch im Vordergrund stand. Die Tour war alles andere als wichtig, daran dachten die beiden gar nicht mehr. Sie blickten gleichzeitig zu Nico. Um sich zu erholen hatte er die Augen geschlossen. Nach ein paar Sekunden trafen sich ihre beiden Augen wieder. Fragend starte Klaus Jerome an. Jerome wusste auch nicht so recht wie es weiter gehen sollte. Ratlos starten sie auf Nicos verletztes Bein. Jerome starte an die Decke, besser gesagt an das Dach, irgendetwas bewegte ihn. Als der Regen etwas nachließ, sprang er auf und späte durch die Türe. Er schlich sich nach draußen um die anderen nicht zu stören und suchte sich unter dem Dachvorsprung ein trockenes Plätzchen. Warum er wohl rausging, schaute er etwa nach dem Wetter, nach dem Weg oder gar nach Hilfe, fragt ich mich. Gefühlt geschah Minuten lang gar nichts, von Jerome war keine Reaktion zu vernehmen.

Nico öffnete behutsam seine Augen, er blickte in die Runde und frage, „wo ist Jerome?"

Fast hatte ich schon vergessen, dass er draußen war.

„Er ist vor ein paar Minuten rausgegangen", antwortete ich.

Gerade als ich aufstehen wollte um zu sehen was er trieb, hört man von draußen. „Vater, welch Situation hast du uns an diesem Tage gebracht. Aus dem nichts lässt du die Sonne widerscheinen. Ich wusste du bei uns bist alle Tage. Hab Dank für den Unterschlupf und lass nun auch unseren Freund Nico wieder mit all seinen Kräften aufstehen. Danke das du bei uns bist – Vater – ohne Dich wären wir hoffnungslos, ja Hoffnungslose! Amen!", betete Jerome laut zum Himmel.

In der Hütte konnte man nur erahnen was Jerome wieder von sich gab, wenn er allein zu seinem Herrn sprach. Nun warf ich doch einen Blick vor die Türe.

"Tatsache", sagte ich verwundet. Es hatte tatsächlich aufgehört zu regnen und die Sonne blickte hinter den Wolken hervor. „Wir sind gerettet", schrie ich voller Freude in die Runde. Ich blickte zu Nico. Er war vielleicht noch nicht ganz so schnell wieder fit, wie die Sonne wieder hinter den Wolken hervortrat. Aber Nico versuchte sich nun eigenmächtig aus seinem Heuliegeplatz zu erheben. Mühselig versuchte er sich auf den Bauch zu drehen. Um von dieser Position aus zunächst den gesunden Fuß belasten zu können. Chris sprang sofort auf, um ihm beim Aufstehen zu helfen.

Nico sagte jedoch nur, „langsam, ich möchte es erstmal alleine probieren."

Nico rang sich noch ein Stück weiter aus seiner Liegeposition und versuchte dann sein unversehrtes Bein auf dem knarzenden Holzboden aufzustellen. Es gelang ihm erstaunlich gut. Er zog nun das verletzte Bein nach und versuchte es schrittweise zu belasten. Anschließend wagte er ein paar Schritte. Auch dabei verzog er keine Mine. Im Gegenteil er lächelte. Es überraschte ihn selbst, wohl genauso wie uns alle. Blut floss auch keines mehr. Ein gutes Zeichen. Im selben Moment betrat Jerome wieder die Hütte. Er erblickte den halbwegs senkrecht stehenden und lächelnden Nico.

„So - na, dann können wir wohl weiter", sagte Jerome mit einem Lächeln in die Runde. „Jetzt haben wir aber lange genug Pause gemacht, stimmts Nico. Spaß beiseite was macht dein Bein, du kannst ja wieder auftreten. Kannst du es wieder ganz belasten?", fragte Jerome.

Nico machten den Anschein, als wäre nie etwas passiert. Er lief noch ein paar Schritte hin und her. Er zeigte, dass er dennoch Schmerzen hatte, aber diese gut verkraften könnte. Sein Bein schien funktionstüchtig zu sein.

„Wollen wir nun weiter oder was?", gab Nico mit

einem sarkastischen Lächeln von sich.

„Ja worauf warten wir noch", ergänzte Jerome. Alle waren von dem Sturz geschockt. Nun waren wir alle ebenfalls geschockt, als Nico die Wanderung ungestört fortführen wollte, als wäre nichts gewesen. Daraufhin schnallten alle ihren Rucksack wieder auf den Rücken und verließen die Hütte.

Ein Schockmoment, und zum Glück war es auch tatsächlich nur ein Schock. Alles ging so schnell, das Unwetter der Absturz und nun konnte Nico wieder gehen, wie im Film. Es erschien wie ein Wunder zu sein. Die Wolken hatten sich zwischenzeitlich, größtenteils aus unserer Reichweite entfernt. Sodass wir davon ausgehen konnte, dass uns an diesem Tag nicht nochmals ein Schauer überraschen würde. Wir mussten jedoch aufpassen, da der Boden, insbesondere das Gras noch extrem rutschig waren. Jerome marschierte genauso stramm los, wie er es vor dem Unwetter zu tun pflegte. Es schien so als wollte er die gesamte Tour zu Ende bringen, nachdem sich der Zwischenfall als nicht ganz so schlimm herausgestellt hatte. Bevor er jedoch nach einem geeigneten Weg, der über den Hang wieder hinauf zu dem Weg führte, steuerte er nochmals die Unfallstelle an.

„Nico, da hast du ja echt was angestellt, sauberer Landung Kollege", sagte Jerome.

„Ja vielleicht machts du ja nächsten Winter bei der Vierschanzentournee mit", ergänze Chris. Diese Aussage konnte er sich nach diesem Spektakel nicht verkneifen. Alle lachten und schauten fröhlich und aufmuntern zu Nico, der nun auch ein Lächeln auf den Lippen hatte.

Dann ging es weiter, Jerome schaute um sich und suchte nach einem geeigneten Weg. In diesem Fall, stellte es er Weg mit den geringsten Absturzrisiko dar. Er entschied sich für denselben Weg, den wir bereits runtergekommen waren. Es gab ein paar gute Trittflächen, nicht zuletzt durch die Steine die aus der Wiese ragten. Nico musste einfach an der falschen Stelle, nicht richtig aufgepasst haben. In Folge dessen kam es zu dem unglücklichen Fall. Das kann jedem mal passieren. Es ist jedoch besser sich in solch einem Gelände zu 100%, auf den Weg und seinen Körper zu fokussieren.

Nachdem alle größtenteils den Abhang überwunden hatten, konnte man bereits vereinzelte Stücke des Weges erkennen. Endlich, nun waren wir zumindest wieder auf bekanntem Territorium. Zum Glück hatten wir uns zudem nicht auch noch verlaufen. Jerome pausierte nun kurz, bis alle wieder auf dem Wanderweg waren.

„Meint ihr wir schaffen die Runde noch, es ist schon noch ein gutes Stück. Auf der anderen Seite sind wir vom Parkplatz auch schon ein gutes Stück entfernt, sodass der Rückweg nicht bedeutend kürzer ist.

„Nico, das schwächste Glied in der Gruppe, was meinst du, packst du es?", fragte ihn Jerome vor versammelter Mannschaft.

„Ja sollte schon gehen. Mal abgesehen davon, dass ich so langsam einfach so schon etwas fertig bin. Nicht nur der Absturz hat mich Kraft gekostet, sondern auch die gesamte Wanderung und auch das Frühsportprogramm von heute Morgen", antwortete Nico.

„Das hört sich gut an", antworte Jerome. Mit dieser Aussage hatte er gerechnet. „Solange noch Energie vorhanden ist, würde ich sagen wir gehen zügig weiter, denn ich möchte gerne noch vor dem Einbruch der Dunkelheit wieder am Parkplatzt sein. Eine Nachtwanderung auf diesem Weg, brauchen wir nach dem heutigen Erlebnis nicht auch noch."

Obwohl Jerome merkte, dass nicht nur Nico, sondern auch die anderen einfach körperlich nicht so fit waren wie er, wollte er die Route trotzdem zu Ende bringen. Ihm war bewusst, dass einige bereits zu kämpfen hatten. Er war jedoch auch der Überzeugung, dass es Mühe alle schaffen würden und sich das Ergebnis am Ende lohnen würde. Wir führten die Wanderung nun wieder auf dem ausgeschilderten Weg, über einige Meter weiter fort. Allmählich musste auch ich mit meinen Kräften haushalten. Die ganze Situation erschwerte ein weiteres Fortkommen. Dennoch fühlten wir uns in der Gemeinschaft wohl und kämpften, um gemeinsam weiter vorwärts zu kommen. Bei einem Blick nach vorne, konnte man sich denken, dass auch noch ein paar Höhenmeter vor uns lagen. Jerome ließ sich von seinem Plan nicht abbringen und behielt seinen Fokus auf der Route. Er ging mit einer starken Überzeugung weiter vorwärts. Hinter dieser klaren Ansprache, konnte nur ein ausgetüftelter Plan und Jeromes Überzeugung stecken.

Mit der Zeit, machte mich die Monotonie nachdenklich. Dabei fragte ich mich, ob sich die eigentliche Wanderung gar nicht als das Haupterlebnis an diesem Tag herausstellte. Was könnte wohl dahinterstecken - hinter dieser

Wanderung – hinter dieser Route, fragte ich mich. Etwa eine Bierdusche in einem Luxushotel in mitten dieser Berglandschaft, wohl er nicht. Das zügige Tempo der Gruppe riss mich aus meinen Gedanken, zurück in die reale Welt.

Ich musste weiter an der Gruppe dranbleiben, um den Anschluss nicht zu verlieren. Ich hatte das Gefühl Jerome hatte das Tempo im Vergleich zu vor der Pause, sogar noch angezogen. Mittlerweile ging es immer steiler Bergauf, dass zehrte weiter an meinen Kräften. Ich wollte mir nichts anmerken lassen, weil es Spaß bereitete hier draußen mit den Jungs in der wunderschönen Natur unterwegs zu sein. Und außerdem konnte es nicht sein, dass ich hier der unsportlichste war, mein Ego holte mich an dieser Stelle ein und ließ mich weiter vorwärtslaufen. Meine Kondition war zwar auch mal besser gewesen, aber die anderen machten doch teilweise überhaupt kein Sport. Dennoch hielten sie das Tempo erstaunlicherweise die ganze Zeit über gut durch. Viel wichtiger war es mir jedoch, meinen Freund Jerome nicht im Stich zu lassen und ihm bei seinem Vorhaben zu unterstützen, indem ich ihm anstandslos folgte. Ich vertraute ihm, dass er uns wieder an dem Parkplatze zurückführte. Aber auch, dass etwas Größeres als nur dieser Weg und die Schmerzen hinter dieser Wanderung und dem ganzen Wochenende steckten.

Zusammenfassung

Die Wanderung. Gefühle, Emotionen und Erlebnisse. Natürlich hofft man, dass sich auf der Wanderung niemand verletzt oder anderweitig benachteiligt wird. In unserem Fall ist die Situation nochmal gut ausgegangen. Solch ein Zwischenfall gilt es in jedem Fall vermieden werden. Dennoch hat der Unfall durch die gemeinsame Unterstützung und das Beisammensein, dass Gemeinschaftsgefühl und den Zusammenhalt nachhaltig gestärkt. Zum Glück gibt es genügend andere Möglichkeiten, wie dieses Gemeinschaftsgefühl ebenfalls entstehen kann, exemplarisch hierfür steht der Lagerfeuermoment.

Praxis

Wie kann also dieses Gemeinschaftsgefühl auf eine andere Art und Weise, produziert beziehungsweise provoziert werden kann, außer der Königsdisziplin dem Lagerfeuermoment. Viele Faktoren beeinflussen dieses besondere Gemeinschaftsgefühl. Ein stundenlanger Marsch durch den Regen wirkt sich mental ganz anderes auf die Gemeinschaft aus, als ein erholsames Sonnenbad. Auch hier sollte das Maß gefunden werden und man sollte sich dementsprechend nicht beim größten Wetterumschwung im Gebirge aufhalten. Oftmals genügt eine plakative Ausdauereinheit, beispielsweise in Form einer Wanderung[16]. Im Vordergrund dabei steht eine körperliche Erschöpfung, diese soll die geistigen Blockaden lösen. Das Ziel dabei ist also unter anderem, dass die Standard Komfortzone verlassen wird. Letztlich soll dabei einfach nur die Gemeinschaft und deren Zusammenhalt gestärkt werden, ohne dabei Angst, Verletzung, Schrecken oder eine Überforderung auszulösen.

---

[16] Die Wanderung muss nicht zwingend im Regen durchgeführt werden.

8   In Richtung Gipfelkreuz

Immer noch befanden wir uns in Mitten der Wanderung, weiter bergauf. Als mir alles weh tat und meine Beine anfingen zu zittern, da erhob ich mein Haupt und sah das Gipfelkreuz, es war nur noch wenige Meter entfernt. Wie der Nordstern am Himmel ragte es aus der kargen Felsenlandschaft heraus. Ein wunderschöner Anblick und zugleich eine große Freude, gleich diesen Meilenstein erreicht zu haben. Ich wusste ja überhaupt nicht wie lang diese Wanderung noch ging. Dennoch war es für mich ein großes Zwischenziel. Nur noch wenige Schritte trennten uns vom Gipfelkreuz, welch eine Freude.

Endlich hier, ich war völlig in meinen Gedanken und Emotionen gefangen. Ich fasste es an, ich spürte den kalten Stahl auf meinen Händen. Zudem der Ausblick, gepaart mit dem Gefühl es geschafft zu haben, ein unglaublicher Moment. Ich brauchte einen Moment für mich – einen Moment zum Innehalten. Auch die anderen starrten mit unausweichlichem Blick ins Tal, blickten auf die Strecke zurück oder schauten auf die gegenüberliegende Bergkette. Jerome stellte sich etwas weiter in Richtung Abhang, um die Ruhe genießen zu können und den Wind auf seinem Körper spüren zu können. Nachdem alle wieder ansprechbar waren, setzten wir uns eng aneinander auf die Felsen vor dem Kreuz.

Und als hätte man es nicht gewusst, kam Paul wie folgt zur Sprache, „ähm, also wir haben doch vorhin mit meinem Gipfelschnaps Nicos Wunde sterilisiert. Aber ich habe natürlich noch einen zweiten Flachmann dabei." Paul griff in seinen Rucksack und tatsächlich hatte er noch einen dabei.

„Wie immer, gut vorberietet Paul, das Lob ich mir", sagte ich. Ich sah Paul an, er drehte gefühlvoll den Deckel des Flachmanns auf. Er ließ den Schnaps noch einmal vor seiner Nase hin und her schweifen, sodass der Geruchssinn zunächst einmal angesprochen wurde. Letztlich nahm er einen großen Schluck aus der Flasche. Ein lautes „Ah" ließ er von sich. Eine große Erleichterung, machte sich in ihm Breit. Eine ebenwürdige Belohnung für diesen Aufstieg. Paul sah man es an wie er den Schnaps genoss, er spürte ihn, er brauchte ihn, er stillte seinen Durst mit einem Schluck. Er machte einen so zufriedenen und ausgeglichenen Eindruck, da hätte man meinen können, dass alle seine inneren Wunden nun geheilt wurden.

„Wer will auch noch einen Schluck?", rief Paul in die Runde, nachdem das Brennen in seinem Rachen anfing abzuschwellen. Chris griff direkt zu, er genehmigte sich ebenfalls einen großen Schluck. Anschließend reichte der den Flachmann, über Klaus, weiter durch die Runde. Bis er bei Jerome war. Ich wusste das er nicht viel trank. Und ich wusste auch, dass er nicht sonderlich viel vom Alkoholkonsum hielt. Er schaute leicht skeptisch, genau wie Paul roch er zunächst an der Flasche und legte dann die Öffnung zwischen seine Lippen und genehmigte sich ebenfalls Schluck. Nun hatten wir alle aus der gleichen Flasche getrunken. Ich fühlte mich in diesem Moment sehr wohl, nicht wegen des Alkohols, darum ging es nicht, vielmehr stellte es eine Art Gemeinschaft dar - ein Gefühl der Verbundenheit innerhalb der Gruppe. Obwohl jeder selbst hier hochgekommen war, waren wir es doch gemeinsam. Denn jeder trug einen Teil dazu bei, dass der gesamte harte Kern nun hier oben angekommen war. Es war still, keiner redete und außer uns war kein Mensch hier. Jeder warf seinen Blick in eine andere Richtung. Klaus erholte sich noch immer von dem Anstieg, Chris starrte in die Wolken, als suchte er nach einer Antwort auf etwas ganz bestimmtes. Paul schaute etwas andächtig, aber auch etwas hilflos zu Boden. Jerome schaute sehr nachdenklich an den Horizont, es sah jedoch nicht so aus als wäre er wegen des Wetters besorgt, nein als würde er sich einfach Gedanken um sein Leben machen. Ich starrte in die Runde und beobachtete wie sich die anderen verhielten, dann schweifte mein Blick in die Ferne. In mir sich ein Gefühl von Erfülltheit breit, zugleich aber auch ein Gefühl von Planlosigkeit. Nico blickte auf sein Bein und versuchte es ein wenig abzutasten. Das ging ziemlich gut, da seine Hose ja schließlich noch offen war.

Die Gipfelansprache:

„Männer, ich genieße die Ruhe, die Freiheit und die Gemeinschaft mit Euch hier oben. Ich liebe die Natur und das Draußen sein. Der ein oder andere von euch sieht schon etwas geschafft aus, von der Wanderung. Vielleicht macht sich der ein oder andere auch Gedanken über sein Leben. Es ist schön, dass wir hier sind und die Zeit gemeinsam erleben dürfen. Gemeinsam haben wir es alle hierhin geschafft, trotz vermeintlich unterschiedlicher körperlicher Verfassung. Selbst der Zwischenfall mit der aufgerissenen Hose hat uns nicht aufgehalten. Im Gegenteil, es war genau die richtige Stelle um eine Zwangspause einzulegen. So konnten wir zumindest halbwegs, den Regenschauer überstehen. Und sich dabei etwas im Heu auszuruhen, hat glaub ich niemandem von uns geschadet. Obwohl ich kein großer Fan von Alkohol oder einer derartigen Belohnung bin, haben wir alle brüderlich aus der gleichen Flasche trinken dürfen, dass stärkte das Gemeinschaftsgefühl unheimlich. Dieses Gemeinschaftsgefühl verbindet, es zeigt Nähe, Verbundenheit, sowie Vertrautheit zu seinem Nächsten auf. Für einen Moment hatte man das Gefühl, dass wir alle eins geworden sind. Das wurde dadurch beflügelt, dass alle aus demselben Gefäß tranken, die Strecke gemeinsam zurückgelegt wurde und die Zeit einfach gemeinsam miteinander verbracht haben.

Erinnert ihr euch noch an gestern Abend? Gestern Abend und auch bereits heute Morgen im See sind gewisse Mauern zwischen uns gefallen. Das fällt einem manchmal erst im Nachhinein auf. Selbst der Zwischenfall mit Nico hatte einen weiteren positiven Einfluss auf unsere Gemeinschaft. Und nicht zuletzt nun das Erreichen des Gipfelkreuzes, mit dem Gipfelschnaps und diesem herrlichen Ausblick.

Leider sollten wir so langsam weiter gehen, es geht ab sofort vornehmlich bergab. Also hoffentlich nicht mit unserem Leben, sondern nur mit dem Wanderweg. Doch bevor wir uns ins weitere Abendeuter stürzten – noch eine Frage. Wie geht es euch? Was beschäftigt euch gerade?", sagte Jerome während wir noch da oben saßen und ein letztes Mal diesen Ausblick genießen durften. „Niemand soll sich verpflichtet fühlen etwas zu sagen, denn wir leben ja schließlich in einem freien Land und das gilt insbesondere hier oben. Wer aber etwas auf dem Herzen hat oder das Bedürfnis hat das preiszugeben, was ihm derzeit durch den Kopf geht, dann darf dies nun gerne mit uns teilen", ergänzte Jerome.

„Dann fang ich mal an", sagte Nico, ganz aus der Situation heraus. „Ich bin glücklich es hier hochgeschafft zu haben. Ich bin sehr dankbar, obwohl ich heute Morgen nicht wirklich Lust zu wandern hatte, ist es bis jetzt doch ganz cool geworden und eine tolle Aussicht haben wir hier oben auch noch. Und das mit der Hose und dem Ausrutscher ist halb so wild. Bis auf die Tatsache das mein Fuß immer noch etwas weh tut, aber das wird schon wieder."

„Ja Jay, cooles Erlebnis, ehrlich gesagt war ich schon lange nicht mehr so richtig draußen, also in der Natur meine ich. Und ich fühle mich auch einfach frei. Ich habe zwar nichts direkt im Kopf, aber habe mir während der ganzen Wanderung immer wieder Gedanken gemacht, z.B. über meiner Beziehung und das Leben. Danke Jay – danke für den Tag!", sagte Chris.

„Zu nächst war ich in Bezug auf das ganze Wochenende etwas skeptisch. Hinzu kam, dass ich meine Freundin derzeit nur noch selten sehe, seit sie fürs Studium weggezogen ist. Ursprünglich wollten wir uns dieses Wochenende endlich mal wiedersehen. Obwohl ich immer wieder an sie denke, war es dennoch die richtige Entscheidung mitzugehen. Keinen einzigen Schritt habe ich bereut, obwohl es zugegebenermaßen kein ganz leichter Aufstieg war. Ich weiß zwar nicht warum, aber irgendwie trage ich ein Gefühl der Zufriedenheit in mir, dennoch bin ich sehr nachdenklich geworden. Ach und Apropos, auch ohne Fahrrad ist es mal ganz cool in den Bergen. Danke für die Erfahrung", sagte ich.

„Ehrlich gesagt geht mir nicht allzu viel durch den Kopf, aber mal wieder draußen zu sein ist auf jeden Fall gut. Obwohl ich mich gestern Abend am Lagerfeuer sehr schwergetan habe, geht es mir nun umso besser", sagte Paul.

„Ja man Jay. War echt eine coole Idee mit dem Wandern, aber deutlich anstrengender als gedacht. Und einfach mal raus gehen mit euch war echt entspannt. Aber mal im Ernst, ich bin so fertig von der Wanderung. Gestern Abend war echt chillig. Ich freu mich, wenn wir wieder im Auto sind. Obwohl es hier oben schon echt ganz nett ist, die Berge sind in echt viel krasser als auf Insta[17]. Das hätte ich nicht gedacht, das Panorama ist sehr beeindruckend", sagte Klaus.

„Boys – ich bin sehr stolz auf euch. Nicht nur dass ihr es alle bis hier hoch geschafft habt. Sondern auch, dass jeder mental in einer sehr vernünftigen Verfassung zu sein scheint. Und dass es allen gut tut auch mal wieder rauszukommen, freut mich beziehungsweise uns natürlich sehr. Schön, dann lasst uns mal weiter gehen. Obwohl es nur noch bergab geht, ist es noch ein gutes Stück bis zum Parkplatz und für den jetzigen Abschnitt ist nochmals höchste Konzentration gefordert."

„Ey, Jay momentmal du hast gar nicht gesagt wie

---

[17] Insta ist eine Abkürzung für das soziale Netzwerk Instagram.

es dir eigentlich geht. Was treibt dich den um?",
fragte Klaus.

„Ja das stimmt", erwiderte Jerome. „Was mich
umtreibt - gute Frage. Also aktuell denke ich
natürlich über das Wochenenden nach, und ganz akut,
dass wir Tour voll gut zu Ende bringen. Aber was
mich wirklich im Herzen berührt - ganz ehrlich –
ist die Tatsache, dass wir hier wieder alle als
harter Kern zusammengefunden haben. Soviel, hat uns
mal hart gesprochen getrennt. Viele
unterschiedliche Wege sind wir gegangen und gehen
sie heute noch. Was ja auch gar nicht schlimm ist,
das hat ja auch alles seine Berechtigung. Viele
Dinge wie der Garten unter anderem dadurch nicht
mehr stattfand, hat uns getrennt. Das Trainee und
die ganze Jugendarbeit mit WK, über die wir
irgendwann hinausgewachsen sind, war nun auch kein
regelmäßiger Treffpunkt mehr. Zudem kommen Themen
wie Sozial Media, PC, Handy, Smartphone die uns
täglich ablenken. Diese Themen lenken uns täglich
vom Wesentlichen, wie Freundschaften ab. Dazu
kommen weitere Einflussfaktoren durch die Arbeit,
die Arbeitskollegen, das Studium, die Freundin
sowie gewisse Situationen in der Familie und im
gesamten Freundeskreis. All das beeinflusst unser
Leben, unsere Lebensumstände und unsere
Verhaltensweisen. Des Weiteren lassen wir uns von
Dingen wie dem Konsum bestimmter Dinge beeinflussen,
wie Fast Food, Alkohol oder Nikotin. Und wenn ich
sage „beeinflussen", dann mein ich das nicht
unbedingt im positiven Sinne. Die Beeinflussung
geht häufig soweit, dass wir uns durch diese Dinge
befriedigen lassen und dadurch vom Wesentlichen

abgehalten werden. Das kann auch dazu führen, dass wir wichtigen Problemen, denen wir uns stellen sollten, aus dem Weg gehen. Nicht jedes Problem ist unbezwingbar und nicht jede Herausforderung bringt nur negatives mit sich. Unser Umfeld trägt häufig und zwangsweise zu unserem Verhalten bei und kann uns maßgeblich beeinflussen. Ich möchte wirklich kein Urteil darüber fällen wie jeder von uns lebt, wie er wohnt, was er tut oder mit welchen Freunden er abhängt. Nur all diese Themen die ich aufgezählt habe, haben uns in der Regel nicht weiter zueinander gebracht, sondern uns voneinander getrennt.

Nicht zu vergessen das wir die alte Zeit einfach nicht mehr zurückholen können, sie ist vergangen. Aber wir können heute im hier und jetzt wieder eine gemeinsame Zeit erleben. Und das tun wir gerade und zwar mehr als je zuvor, dafür bin ich sehr dankbar, und zwar jedem einzelnen von euch.

Frage beantwortet, Klaus?", gab Jerome mit einem Grinsen und einem ernstgemeinten Unterton zurück in die Runde.

Alle waren verblüfft und zugleich nachdenklich über seine Aussage. Einige Erinnerten sich wohl genau in diesem Moment, an die damaligen gemeinsamen Erlebnisse zurück. Was wir nicht alles Geniales erlebt hatten. Jerome gab uns allen, aber definitiv mir, zumindest nochmal einen ganz anderen Blick auf die Dinge. Er schaute nicht nur auf sich, sondern auch auf die anderen und die Gemeinschaft. Zurückblickend haben wir in unserer Jugendzeit echt viel gemeinsam erlebt und einfach Zeit miteinander verbracht. Auch wenn ich Jerome gut auskomme, ist

Kontakt zu den meisten anderen ehr rückläufig gewesen. Teilweise gab es gar keinen Kontakt mehr, weil es Situation nicht mehr hergab. Schade wie wir uns alle so auseinandergelebt hatten. Dafür ist es nun umso schöner, dieses Wochenende gemeinsam zu verbringen und an die alten Tage anzuknüpfen.

Es folgte der Abstieg.

„So jetzt aber wirklich – weiter geht's Männer, sonst schaffen wir es tatsächlich vor Einbruch der Dunkelheit nicht mehr zurück zum Parkplatz", sagte Jerome.

Daraufhin sprangen alle auf, schnürten den Rucksack zu und Paul verstaute den Flachmann. So zogen wir nun weiter.

„Halt eine Sache noch – habt ihr den Ausblick genossen, denn ab sofort geht es nur noch bergabwärts", sagte Jerome und blickte dabei noch ein letztes Mal auf die wunderschöne Bergkette am Horizont. Er atmete einmal tief ein und wieder aus. Dann schaute er in die Runde und suchte mit jedem den Blickkontakt, um zu signalisieren das es jetzt weiter ging.

„Jeddz abbr zügich, uff gohds[18]", sagte Jerome. Da stürzte sich die Gruppe, einschließlich mir, den Berg hinab. Der Weg war teilweise extrem steil und verblockt. Höchste Konzentration war gefordert. Jeder falsche Schritt könnte Folgen mit sich bringen, wie wir sie heute bereits erlebt hatten. Der Untergrund war von den vielen Wanderern festgetreten. Dennoch war die Oberfläche leicht schmierig, durch den vorherigen Regenschauer.

---

[18] Wortgetreu: „Jetzt aber zügig, auf geht's."

Mittlerweile waren die letzten Sonnenstrahlen am Himmel verschwunden. Von der bereits untergangenen Sonne, bot der gefärbten Himmel ein schönes Farbenspiel aus Orange und Lila. Kurze Zeit später brach die Dämmerung über uns herein. Noch waren wir in Mitten der Natur. Der Wanderweg führte am Rande der Waldlichtung entlang, unterhalb der Baumgrenze. Wie weit würde es wohl noch bis zum Parkplatz ziehen, fragte ich mich. Die verblockten Stücke hatten wir weitestgehend hinter uns gelassen. So dass Jerome trotz der zunehmend eingeschränkten Sicht, weiter stramm am Tempo festhielt. Es schien so als würde er sich auskennen, fast schon so wie zuhause. Mittlerweile musste man sich schon konzentrieren, dem Vordermann zu folgen, da es dunkel geworden war. Bei der Dunkelheit konnte ich nun kaum mehr etwas erkennen. Einzig und allein der Sternenhimmel, der mittlerweile aufgezogen war, spendete uns zwischen den Tannenspitzen etwas Mondlicht. Plötzlich wurde es weiter vorne Hell. Was war das wohl, der Parkplatz? Wir gingen ein paar Schritte weiter. Nein leider nicht, es war eine Wiese, eine Weide. Diese leuchtete förmlich vom Mondlicht so hell, dass wenn man aus dem Wald kam, es einem so hell wie Tageslicht vorkam. Kurz hinter diesem Weidestück wartet eine weitere Fläche, diese war sehr dunkel, weshalb man sie von der Ferne aus schwer erkennen konnte. Nach einigen weiteren Schritten und genauerem Hinsehen konnte man erkennen, dass es sich um unseren Parkplatz handelte. Nur noch wenige Meter trennten uns vom Parkplatz. Endlich waren wir angekommen. Das war eine große Erleichterung für die ganze Gruppe. Alle verschnauften und hielten für den Moment inne. Wir alle waren glücklich, gesund und munter. Endlich waren wir angekommen und wieder an dem Ort an dem wir vor einigen Stunden gestartet waren. Alle überkam ein wahnsinniges Gefühl. Auf der einen Seite hatten wir alle gemeinsam diese große Runde absolviert. Und auf der anderen Seite, sind wir trotz der Verletzung und der Dunkelheit gut am Ziel angekommen. Von Glück konnte man auch reden, dass auf den letzten Metern niemand mehr verunglückt ist. Trotz den Glücksgefühlen und dem Enthusiasmus war nicht mehr viel Energie übriggeblieben. Also machten wir uns zugig auf den Heimweg.

Jerome und ich waren die einzigen die ihre Wechselschuhe im Auto hatten. Die anderen hatten sie in der Hütte gelassen. Als wir unsere Wanderstiefel ausgezogen hatten, spürten wir das der ganze Fuß weh tut. Zugleich war es ein sehr befreiendes Gefühl, aus diesen Stiefeln herauszukommen. Schnell hatten wir uns umgezogen und verließen anschließend den Parkplatz in Richtung Unterkunft. Als wir im Auto saßen, wurde es wieder andächtig ruhig. Alle waren geschafft. Nur das Quietschen von Pauls reifen, ließ ein Gelächter in unserem Auto zu. Er konnte es einfach mal wieder nicht lassen, an der Kreuzung einen Driftversuch im Benzer zu starten.

Nach einer fortan ruhigen Fahrt, erreichten wir den Parkplatz unserer Unterkunft. Alle krächzten, als sie sich aus ihrem Autositz heraushiefen. Die Muskeln waren angespannt, der Körper fühlte sich schwer an und alles tat weh. Teilweise waren unsere Kleider noch nass vom Schweiß oder sogar noch vom

Regen. Bei den meisten war der Schweiß jedoch schon getrocknet und fungierte als Kleber zwischen Haut und Hemd. Alle legten im oder vor dem Gemeinschaftsraum ihre Ausrüstung ab. Die Stiefel wurden am Hauseingang platziert. Seit wir im Auto saßen wurde kein Wort mehr gesprochen, dennoch fand ein zwischenmenschlicher Austausch statt. Trotzdem entstand ohne die Gespräche eine Nähe, wie sie sonst nur selten zum Vorschein kommt. Nachdem alle abgelegt hatten, trafen wir uns im Gemeinschaftsraum. Es wurde still im Raum, sodass es fast schon unheimlich war. Selbst Paul der so häufig den Drang hatte, alles aufzuräumen und zu putzen, saß wie alle anderen ungeduscht am Tisch. Jeder starrte ins Leere oder schweifte mit seinem Blick durch die Runde. Immer wieder trafen sich die Blicke. Jerome suchte immer wieder den Blickkontakt, als wollte er die Aufmerksamkeit auf sich ziehen um etwas zu erzählen. So schaute er hin und wieder zu mir und zu Klaus, aber auch zu den anderen. Ohne etwas zu sagen und ohne jemand anzuschauen stand Jerome plötzlich und sachte auf. Er öffnete die Zimmertür und ließ diese beim Verlassen des Zimmers offenstehen. Ein leichter und kalter Luftzug, zog durch die Holztüre herein. Einzig und allein der Holzboden knarzte, auf dem Jerome lief. Und dann hörte man das ruckartige packen und öffnen des Kühlschranks. Die Glasflaschen darin klirrten. Das lockte dem ein oder anderen, der die Geräuschkulisse verfolgte, ein Schmunzeln ins Gesicht. Den es gab nur zwei Kühlschränke da draußen, einen mit Softgetränke, und einen mit Bier. Nach dem die Bügelflasche ploppte war auch dem letzten klar, um was sich Jerome kümmerte. Da stand er nun im Türrahmen mit dem Bier in der Hand und sagte, „zum wohl Männer." Und nahm einen ersten, kräftigen Schluck aus der Flasche.

„Gohd nondr wai Wassr[19]," ergänzte er. Das lockerte die Stimmung und hauchte dem Raum wieder etwas Leben ein. Jerome schaute konzentriert in die Runde. „Gut habt ihr das heute gemeistert. Viel haben wir heute erlebt. Und Nico, ich hoffe ich darf sagen, dass wir alle wieder heil angekommen sind, bis auf eine zerrissene Hose und eine größere Schürfwunde."

In mir weckte sich ebenfalls ein Durst, um genauer zu sein der Bierdurst.

„Chris, willsch au ais[20]", sagte ich zu Chris, der mir gegenübersaß. „Sonsch nomol äbbr a Halbe[21]," rief ich in die Runde. Chris und ich holten für jeden von uns eine Halbe[22].

---

[19] Wortgetreu: „Geht runter wie Wasser"
Bedeutung: „Das schmeckt ausgezeichnet." Die Aussage stellt ein Kompliment für Trinken oder Essen dar."

[20] Wortgetreu: „Chris, möchtest du auch eins."
Sinngemäß: „Chris, möchtest du auch ein Bier."

[21] Wortgetreu: „Sonst nochmal jemand eine Halbe."
Sinngemäß: „Möchte sonst noch jemand einen halben Liter Bier."

[22] Eine halbe ist im schwäbischen Sprachgebrauch, ein halber Liter Bier. Es kommt weniger darauf an, ob das Bier in der Flasche oder im Glas bzw. in einem Krug serviert und konsumiert wird. Unter einer „Halben" versteht sich in der Regel ein Helles bzw. ein Pils. Eine Halbe ist demnach kein Weizen oder ein andere Biersorte. Das liegt daran, dass die Schwaben üblicherweise helles, süffiges Bier

„Endlich schaffschs du au amol äbbas Gscheids[23]", sagte Paul zu mir, als er die langersehnt und wohltemperierte Flasche mit dem Hopfenmalzgetränk in den Händen hielt.

„Zum wohl!", rief Klaus in die Runde und hielt sein Bier zum Anstoßen in die Mitte der Runde. Auch Jerome trat aus dem Türrahmen zu uns hinzu und stieß mit an. Nachdem es einige Male klirrte, nickten wir uns alle zu und sahen uns dabei tief in die Augen, bevor wir den ersten Schluck aus der Flasche nahmen. Der erste Schluck - er war unbezahlbar, nicht nur weil es der erste Schluck war, sondern die besondere Situation nach einem solchen Tag. Nachdem sich alle wieder in die alten Holzstühle oder auf der Bank zurückgelehnt hatten, trat auch Jerome ein Schritt zurück und lehnte sich wieder am Türpfosten an. Er blickte von außen auf die Gruppe. Ich sah das er mit seinen Gedanken arbeitete und jeden von uns scannte. Er konnte das ziemlich gut, sehr unauffällig, doch um das nicht zu erkennen, kannten wir uns einfach zu lange. Wahrscheinlich führte er wieder was im Schilde. Aber was wusste ich nicht, es war mir in dem Moment

---

bevorzugen. So ehren die Schwaben ihr Lieblingshopfengetränk mit dem Spruch, „Hopfen und Malz, Gott erhalt's!" Dieser Brauch und der Geschmack zum Bier, gilt überwiegend für den gesamten süddeutschen Raum. Auf bayrisch heißt eine Halbe, auch „Hoibe".

[23] Wortgetreu: „Endlich arbeitest du auch mal etwas Gutes." Sinngemäß: „Endlich machst du auch mal etwas Sinnvolles." Bedeutung: sich nützlich machen; sich zum Wohl des anderen einsetzten oder aufopfern.

auch egal. Selbst das Bier, war nicht der Anlass für eine große Gesprächsrunde. Wir waren alle noch ziemlich erschöpft. Auch ohne ein Gespräch, war die Stimmung nach dem Bier weitaus gelassener und offener. Allmählich machte sich der Hunger in mir breit. Da auch für die Essenszubereitung nicht mehr allzu viel Energie vorhanden war und von gestern noch genug Fleisch übrig war, fiel die Entscheidung schnell in Richtung gegrilltes. Doch ganz so leicht wollte es uns Jerome dann auch nicht machen. Er wollte nicht wie gestern mit der Holzkohle aus der Tüte den Grill befeuern. Nein, er wollte Feuer, ein richtiges Feuer aus echtem Holz. Natürlich war von dieser Idee niemand abgeneigt. So machte sich jeder daran etwas vorzubereiten, dass seines Erachtens nach von Relevanz war. Und genauso war es auch richtig. Jerome und Paul legten gerade die Holzscheide an der Feuerstelle zurecht, währenddessen Nico und Chris nach dem Fleisch ausschauhielten. Klaus und ich organsierten den Rost und befreiten ihn von all dem was nicht unbedingt zum Essen gehörte. Nachdem das alles Bereit lag und das Feuere eine standesgemäße Größe erreicht hatte, platzierten wir den Rost über der Feuerstelle.

„Wie damals am Garten, wisst ihr noch Jungs. Wie damals", sagte ich.

Alle lachten und nickten. Alle von uns hatten bestimmt ein anderes Bild von Pauls Garten im Kopf. Voller Freude blickten wir zurück an die alten Tage. Die Zeit barg so viele Erinnerungen und Momente, alle waren sie gleich und doch so unterschiedlich. Die Erinnerungen waren vielfällig und doch war es meist dasselbe Gefühl, das an diesen Erinnerungen hing. Über die Zeit in Pauls Garten könnte man anhand der Vielzahl der Erlebnisse, ein eigenes Buch schreiben. Mit wenigen Stichworten könnte man es wie folgt zusammenfassen:

- Tiefgang,
- Freundschaft,
- Jugendzeit,
- Ambiente,
- Musik,
- Lagerfeuer,
- lange Abende und
- Sternenhimmel.

Nachdem die Flammen nur noch unterhalb des Rosts tänzelten, konnten die ersten Fleischstücke auf dem Rost platziert werden. Grillmeister Paul kümmerte sich um den Rost, während Jerome die restlichen Fleischstücke und die übrig gebliebenen Würste auflegte. Endlich konnte man den Abend so richtig ausklingen lassen. Einfach nur den Flammen im Feuer folgen und dem wohlklingenden Knistern seine Aufmerksamkeit schenken. Man hörte sogar wie das Fett am Fleisch purzelte. Man hatte ich schon Hunger. Ein Loch fuhr mir durch den Magen. Zum Glück war das Fleisch gleich fertig, sagte ich innerlich zu mir. Ich bestaunte Paul wie er elegant jedes einzelne Fleisch mit der Grillzange auf dem Holzfeuer wendete. Als Paul das letzte Stück Fleisch auf seinen Teller legte, nachdem er allen anderen eines ausgeteilt hatte, wollte ich gerade das Fleisch anschneiden. Wäre da nicht wieder unser Kumpel Jerome gewesen.

„Vater, du siehst diesen Tag, du hast diesen Tag

mit uns erlebt. Du warst sowohl im Heuunterstand im strömenden Regen, oben beim Gipfelkreuz und nun auch hier am Feuer bei uns. Für diesen Tag hab großen Dank. Danke auch für das lecker zubereitete Fleisch, von unserem Grillmeister Paul. Amen. Guten Appetit."

Es war vor Verwunderung still geworden, denn niemand hatte mehr damit gerechnet, dass Jerome nochmal mit uns betete. Ganz so verstörend, wie das erste Gebet war es jedoch nicht. Fast hatte ich mich schon daran gewöhnt. Als ich darüber nachdachte, hätte es mir der Gewohnheit halber schon fast gefehlt. Irgendwie hatte er ja recht mit dem Gebet, doch was sich wirklich dahinter verbirgt war mir immer noch nicht klar.

Zusammenfassung

Ziele setzten. Ziele erreichen. Erfolg gemeinsam feiern und erleben. Reflektieren und Austauschen.

Praxis

Beim Erreichen des Gipfelkreuzes, spürt man die Erleichterung, dass tolle Gefühl - es erreicht zu haben und bis hierhin durchgehalten zu haben. Auch dieses Gefühl löst ein sehr besonderes Gemeinschaftsgefühl aus. Genieße den Moment mit deinen Freunden am Gipfelkreuz ganz bewusst.

9 Der zweite Abend

„Guten Euch!", sagte ich mit leicht verstörtem Blick, weil ich nochmals meine Gedanken über das Gebet schweifen ließ.

Alle erwiderten mit, „Danke euch auch."

Das Fleisch schmeckte wirklich wunderbar. Als wäre es das erste Fleisch gewesen das ich jemals gegessen hätte. Schneller als Man(n) gucken konnte, war bei allen der Teller so schnell leer, wie er bestückt wurde. Selbst die Genießer unter uns, konnten sich nicht zurückhalten. Alle legten den Teller beiseite und sahen sich um. Es gab nichts mehr zu essen und die Getränke waren bereits ausgetrunken.

Nach einem kurzen Blick in die Runde, der mit einem „I hol no a Halbe, will no äbbr Oine[24]," meinerseits beendet wurde, gingen wir alle gemeinsam ins Haus und holten uns noch ein Bier.

Chris und Paul standen schon wieder draußen vor der Tür auf der Treppe. Als wir noch am Kühlschrank standen, hörte man bereits wie die beiden ihre Bügelflaschen ploppen ließen. Was für ein Gefühl, ein Geräusch das man nur mit Freiheit verbinden konnte. Zumindest solange man sich nicht als Alkoholiker einstufen würde. Als ich mit dem Rest auch draußen ankam, ließen auch wir die Bügelflaschen ploppen und stießen gemeinsam auf uns an.

---

[24] Wortgetreu: „Ich hole noch eine Halbe, will noch jemand eine?" Sinngemäß: „Ich hole mir noch einen halben Liter Bier, möchte sonst noch jemand ein Bier?"

„Auf uns Männer und auf so einen geilen Tag", sagte Nico.

„Ja zum Wohl, auf uns", sagte Klaus.

Mit einem weiteren „zum Wohl," hielten alle ihre Bierflasche in die Mitte der Runde. Nach dem Anstoßen, zog jeder im Anschluss sein Bier zurück und Genoss den ersten Schluck aus der Bügelflasche. Was für ein Genuss, genau das was Mann nach einem solchen Tag brauchte.

„Es tut so gut", sagte ich.

„Ja, nach dem Tag ist es ja wohl das mindeste", ergänzte Chris.

Auch Jerome trank das zweite Bier mit uns. Das ist eigentlich sehr ungewöhnlich für ihn, doch vertragen konnte er es gut. Doch warum trank er noch ein Bier mit uns, obwohl er seit einiger Zeit dem Alkohol gar nichts abgewinnen konnte? Als Mitläufer konnte man unseren Jerome mit Sicherheit nicht bezeichnen, er war alles andere als ein Mitläufer. Das Bier war gut, keine Frage, doch auch der Geschmack war für ihn bestimmt nicht der ausschlaggebende Punkt. Jerome ist nicht derjenige der seine eigenen Regeln bricht, also auch aus dieser Perspektive hätte es ihm nicht ähnlichgesehen, zu einer weiteren Bierflasche zu greifen. Jerome gab sich in diesem Moment einfach nur für die Gemeinschaft hin. Er wollte in dieser Ausnahmesituation nicht das geringste Riskieren und demensprechend gab er alles dafür um die Stimmung aufrecht zu erhalten. Wenn das Bier nur dabei half, dass sich für diesen Moment keine Fragen ergaben, dann war das Ziel erreicht.

Klaus wagte als erster wieder einen Schritt in

Richtung Feuer, allesamt folgten wir ihm. Es war eine richtig gute Stimmung. Ja, vermutlich besser denn je zuvor. Diese zwei Tage, die eigentlich nur starke 24 Stunden waren, waren es die uns wieder miteinander vereinten und zwar auf eine ganz neue Art und Weise. Irgendwie waren wir alle extrem gut drauf und dennoch verhielten wir uns anders als sonst. Man spürte eine innere Freude, Zufriedenheit und Ausgeglichenheit. Es war keine lustige Stimmung mit viel Spaß. Aber das brauchte es auch nicht. Es schien fast so, als verständen wir uns auf einer ganzen anderen, tieferen Ebene. Nun fragte ich mich, ob Jerome nicht wie gestern eine Ansage machen würde. Damit war keine Ansage im negativen Sinne gemeint, vielmehr ein Input - eine Wegweisung. Oder auch ein Gebet, obwohl ich das immer noch nicht ganz verstand, fehlt es mir dennoch. Es hätte sich in diesem Moment einfach richtig angefühlt.

„Au man, wisst ihr noch damals, als wir fast so wie heute bei Phil im Garten saßen." Klaus legte eine Pause ein und blickte durch die Runde. „Damals stand uns die noch Welt offen, die Hälfte von uns war noch weit vom Abitur und den Berufsplänen entfernt. Alle Möglichkeiten standen uns offen, nach dem Abi das zu machen, was wir wollten. Egal ob wir direkt durch eine Ausbildung ins Arbeitsleben gestartet sind, stimmts Jay. Oder ob wir anfingen zu studieren und dann entweder das Leben genossen oder ob wir es einfach knallhart durchzogen. Oder ob wir bemerkten, dass das Studieren doch nichts für uns war. Das ist doch alles ok. Oder ob wir wie Chris noch ein wenig Erfahrung sammelten und zuerst mal nach Mexiko gingen. Alle Möglichkeiten hatten wir. Nun sind wir immer noch die Gleichen, aber doch nicht mehr so wie früher. Wisst ihr noch damals mit Kai. Er ist heute in einer ganz anderen Welt, zum Glück sehe ich ihn derzeit regelmäßig beim Basketballtraining. Aber ansonsten so ganz privat sehe ich ihn auch kaum mehr. Nachdem sein Studium beendet war, zog er zu seiner Freundin und stürzte sich ins Arbeitsleben. Eigentlich wohnt er nur einen Ort weiter und dennoch kommt es mir so vor als würde er in einem anderen Land wohnen. Jay ist nach seinem Studium auch wieder voll im Arbeitsleben angekommen, genauso so wie Phil. Johannes fängt bald mit seinem Master an, genauso wie Chris. Nico ist nach wie vor noch in Tübingen zum Studieren. Und ich, ich versuche mich einfach im Leben zurecht zu finden."

Wir wussten genau, dass jeder von uns seine Wehwehchen hatte. Keiner war oder ist perfekt, es gibt auch keinen Überflieger unter uns. Doch wir wussten auch das es Klaus mit seinem individuellen Weg nicht leicht hatte, er verbaute sich hin und wieder auch selbst seinen Weg. Aber dieser gesellschaftlich anerkannte Weg, war nicht das wonach er strebte. Wollen wir nicht alle irgendwie frei sein und ein ganz anderes Leben führen, als dass was unsere soziale Umgebung für uns gedacht hatte? Vielleicht wollten der ein oder andere ein schnelles Auto fahren oder eine Weltreise machen? Viele Fragen und Themen kamen in unseren Gedanken zum Vorschein.

„Klaus, wir wissen alle das du es nicht leicht hast", entgegnete Nico nach einer kurzen Pause.

„Ne, mal Spaß bei Seite. Gute fünf Jahre ist es mittlerweile her, dass wir zum einen nicht mehr im Garten waren und damit verbunden uns auch kaum mehr gemeinsam getroffen haben. Vieles kam dazwischen, Chris, Phil und ich sind zwischenzeitlich und teilweise noch immer räumlich an einem anderen Ort beheimatet. Das heißt aber nicht das dort unser Zuhause ist, geschweige denn das wir uns dort richtig wohl fühlen. Das ist aber ein anderes Thema. Andere alte und auch neue Freundschaften lebten auf. Das ist schön, doch das ließ die Freundschaft im harten Kern teilweise einfach nicht mehr zu. Zu weit entfernt, zu wenig Zeit, ihr wisst schon. Ein Stückweit ging jeder von uns seinen eigenen Weg, was auch gut so ist. Dennoch stelle ich dabei fest, dass es zunehmen mehr Unterschiede als Gemeinsamkeiten gibt. Das schwächt unsere Gemeinschaft, das entwerft uns voneinander. Ich glaube das ist keine gute Entwicklung. Wir sind immer noch Freunde und die Vergangenheit – die gemeinsame Zeit möchte zumindest ich nicht missen. Klar kann es nicht mehr so sein wie früher, aber es kann anders sein – es kann auf eine andere Art weitergehen. So wie zum Beispiel an diesem Wochenende. Es könnte ein wunderbarer Auftakt für einen Neuanfang unserer Männerfreundschaft sein, es könnte ein Aufleben des harten Kerns stattfinden. Was meint ihr, haben wir die Kraft und vor allem den Mut uns wieder zusammenzuraufen. Unsere Jugend – die Zeit am Lago mit Werner hat uns geprägt und zwar gemeinsam. Wir können diese prägende Zeit nicht mehr rückgängig machen und mit anderen verbringen. Nur das das klar ist, dass möchte ich

auch gar nicht. Wir sollten uns nur der Situation
- unserer Lebenssituation bewusstwerden. Es geht
um das Bewusstsein miteinander. Glaubt ihr wir
schaffen es einmal im Quartal oder uns zumindest
zwei Mal im Jahr zu treffen, gerne auch zu einem
Ganzen Wochenende, wie diesem. Seid ihr dabei?!",
rief Nico, dabei betonte er den letzten Satz und
wurde zu gleich sehr emotional. Er hob sein Bier
in die Mitte über das fast schon verklammte Feuer.
Alle hielten spätestens auch nach einer kurzen
Gedenkpause ihre Bierflasche in die Mitte.

„Salute", rief Klaus.

„Salute", ergänzenden wir alle.

Was für eine Verbundenheit. Salute, wie in einem
unsere gemeinsamen Lieblingsfilme „The Fast & the
Furios."

Als ich nach dem Anstoßen durch die Runde blickte,
hatten wir alle glänzenden Augen, teilweise sogar
schon Tränen in den Augen.

„Ich hol noch etwas Holz?", sagte Jerome in die
Runde.

Obwohl es immer heißt man soll aufhören, wenn es
am schönsten ist, wollten wir den Abend in dieser
Stimmung nicht grundlos beenden. Wir wollten das
Feeling und Stimmung für einige Zeit, am liebsten
auf ewig aufrechterhalten. Als Jerome zurückkam,
legte er zunächst die kleinen Holzscheide auf die
noch verbliebenden kleinen Flammen und die
glühenden Kohle. Als die ersten kleinen Scheite
Feuere fingen, legte er sachte weitere Scheite auf
das Feuer. Nachdem er sich einen kräftigen Schluck
von seinem Hopfenmalzgetränk genehmigte, lehnte er
sich zurück.

„Männer, spürt ihr es auch, diese Harmonie, diese Atmosphäre, dieses Vertrauen. Noch wollen wir diesen Abend nicht zu Ende gehen lassen. Zu dieser auch sehr emotionalen Stimmung haben Klaus und besonders auch Nico beigetragen. Besser hätte man es nicht machen können. Ich danke euch. An gestern Abend möchte ich nicht zwingend anknüpfen. Ich möchte nur nochmal betonen, dass spätestens ab jetzt für jeden die Möglichkeit bestehen soll, dass zu erzählen was ihm auf dem Herzen liegt. Eines ist klar, was hier erzählt wird oder passiert, das bleibt auch hier. Und gewisse Themen werden vorerst auch abgeschlossen sein, sobald die letzte Flamme ausgeht. Egal was euch auf dem Herzen liegt oder euch durch den Kopf geht – erzähltes. Haut es raus! Ich weiß, dass es viel Kraft und auch Mut kostet manche Themen in der Runde anzusprechen. Da ich nicht möchte das diese wertvolle Stimmung kaputtgeht, müssen wir sensibel mit einzelnen Themen umgehen. Daher bitte ich euch, dass alle Themen mit Respekt, Mitgefühl und wenn es an der Zeit ist, auch mit Humor betrachtet werden. Ist das klar?", fragte Jerome rhetorisch in die Runde.

Stille.

„Also gut, dann mach ich mal weiter. Ich weiß ich habe es nun wahrscheinlich schon oft gesagt und angedeutet. Dennoch bin ich äußerst dankbar für diesen heutigen Tag, für die gemeinsamen Erlebnisse. Ebenfalls freue ich mich, dass wir uns auch mal wieder näher zusammengefunden haben. Mir persönlich tat es wirklich sehr gut, nicht nur körperlich, sondern auch seelisch, unsere Männerfreundschaft erlebbar zu machen und zu leben, und zwar genau hier und jetzt - in genau diesem Moment", ergänzte Chris.

„Wenn ich daran anknüpfen darf. Ich kann es nur bestätigen was hier bisher erzählt wurde", entgegnete ich. „Wie viel Jahre, gefühlte Jahrzehnte haben uns nun voneinander getrennt. Jeder von uns hatte mit dem ein oder anderen, mehr oder weniger zu tun. Zu machen bestand auch gar keinen Kontakt mehr. Außerdem wisst ihr noch, Kai ihn hatten wir schon angesprochen. Wenn ich dabei an den Garten zurückdenke, wie viele Leute haben schlussendlich das Bild des Gartens geprägt. Viele Freundeskreise[25] entstanden und waren anwesend, zu denen ihr euch auch teilweise zählen durftet. Zum Schluss erschienen viele Untergruppierungen[26].

---

[25] Freundeskreise bezeichnet der Autor in diesem Fall, als einzelne Zusammenhängende Freundschaftsstrukturen. In unserem Beispiel gibt es folgende Personen: A, B, C, D, E, F, I, Z, W, M. Freundeskreise:
Nun sind A, B, C und D sehr gut befreundet, sie bezeichnen sich als der „harte Kern." E und F sind mit dem harten Kern als solches oder z.B. nur mit B gut befreundet. So können E und F Anhänger oder zeitweise sogar Teil des harten Kerns werden. So stellt B mit E und F ein Freundeskreis dar.

[26] Untergruppierung:
Feiert der harte Kern ein Fest und der Gastgeber A kennt beispielsweise noch I und Z. Neben A kennen auch noch I und Z, B und C. In diesem Moment bilden A, B und C mit I und Z eine Untergruppierung. Wenn sich dieses Szenario wiederholt, dann ist es möglich das I und Z, noch W und M mitbringen, welche höchstens E und F, aber nicht A, B, C und D kennen. Dann bildet

Beispielsweise Flo B. oder Jana, sie wurden in gewisser Weise Teil oder ein Anhänger des harten Kerns, für eine bestimmte Zeit. Ja Jana oder Kaja, was ist eigentlich mit Jenny? Nico wohnt z.b. bei Jana in der WG, ich habe zum Beispiel gar keinen Kontakt mehr zu ihr. Ich sag ja nicht, dass, das schlecht ist. Auch Jana hat sich bestimmt weiterentwickelt und würde so in dieser Form vielleicht gar nicht mehr zum harten Kern passen. Vielleicht würde sie auch gar nicht mehr zu uns wollen, einfach weil sie sich verändert, mit anderen Leuten verbunden ist und ihr Studium ihr bestimmt auch gewisse Prägungen gegeben hat. Zudem haben wir uns ja genauso verändert. Und zugegebenermaßen haben wir uns einfach schon lange nicht mehr gesehen. Ich weiß auch nicht, aber vielleicht könnten wir ja mal ein Garten Re-Opening[27] starten. Von einer Winteredition mit Glühwein war auch schonmal die Rede. Ich habe mich nur gewundert, wie das nach dem Abi alles auf

---

I, Z, W und M und ggf. E und F eine weitere externe Untergruppierung. Des Weiteren ist möglich, dass sich bereits oder im Laufe der Zeit C, E, F und W anfreunden, sodass hier gegebenenfalls eine neue Untergruppierung entsteht.

Resümee:

So sind jeweils in den Freundeskreisen und Untergruppierungen, je nach Größe unendlich viele Konstellationen möglich. In der Regel kann einer immer besser mit dem einen, als mit dem anderen. Das beeinflusst die Tiefe der Beziehung beziehungsweise der Freundschaft.

[27] Übersetzung: wortgetreu: Wiedereröffnung

einmal auseinandergebrochen ist. Heute würde man diese Leute als Weg- oder Wegabschnittsgefährten bezeichnen. Es waren nicht die engsten Freunde, aber dennoch hatte man regelmäßigen Kontakt und war im Austausch mit ihnen. Das stellte eine gewisse Verbindung zueinander her. Und plötzlich war alles weg. Schon komisch. Mir ging das ehrlich gesagt schon lange durch den Kopf und ich habe es auch immer wieder mit Jay besprochen. Für mich war das ein Bruch. Es hat mir wehgetan, zwar nicht allzu schlimm, dennoch hat es mich getroffen. Oder Mogli beispielsweise, es gibt noch einige weitere Persönlichkeiten, die diese Zeit auf ihre Weise mitprägten. Zudem gab es auch einige spannende Ereignisse die nun in der Vergangenheit liegen."

„Johannes, weißt du, wir Menschen sind doch so unterschiedlich, Menschen und Situationen verändern sich nun mal. Ich weiß, dass es oftmals nicht leichtfällt, aber manchmal muss man diese Situationen, Momente und Menschen einfach loslassen. Das heißt nicht, dass man all das vergisst oder gar im Nachhinein als negativ ansieht, nur weil man die Zeit und die Ereignisse nicht wieder zurückholen kann. Auf keinen Fall. Versuche immer das Positive aus der jeweiligen Situation und Person im Kopf zu behalten und klebe diese Erinnerungen bildlich gesprochen in dein Fotoalbum ein. Das hört sich vielleicht etwas altmodisch an, aber warum nicht einfach ein Fotoalbum erstellen. Heutzutage ist das Ganze auch online möglich via Instagram, etc., darüber sind Bilder und Fotos jederzeit direkt verfügbar. In Verbindungen mit der Technik lassen sich somit die positiven Erlebnisse und prägenden Momente in Sekundenschnelle festhalten. Nur weil ich heute nicht mehr in den Bikepark gehe, heißt das doch noch lange nicht, dass ich die Zeit als sinnfrei empfunden habe oder die Zeit schlecht investiert war. Ganz im Gegenteil, wir müssen nur lernen mit der Endlichkeit auf Erden zu leben. Vieles ist endlich, beispielsweise auch meine Studienzeit. Selbst wenn ich jetzt nochmal Studieren würde, vielleicht auch nochmal einen Bachelor machen würde an einem coolen Studentenort wie Tübingen oder Konstanz, klar wäre das cool. Aber der Reiz und der Charm aus meinem Dualen Studium mit all den Persönlichkeiten und den örtlichen Gegebenheiten, lässt sich so einfach nicht mehr replizieren. Für einige KommilitonInnen war die Zeit nicht immer leicht, dass war es im Übrigen auch für mich nicht immer, dennoch blicke ich stets sehr positiv an die Zeit zurück. Ich kenne KommilitonInnen die bekommen Würgreize, wenn sie nur den Namen unserer Hochschule hören. Ich hingegen vermisse Zeit – vielleicht liegt es auch daran, dass ich gelernt habe, die nicht ganz so glänzenden Seiten zu akzeptieren und so anzunehmen wie sie sind. Im Übrigen, die die nicht ganz so glänzenden Seiten gehören zu unserem Leben, sie machen das Leben erst zum Leben. Den ohne die negativen Ereignisse, wüssten wir positiven Ereignisse gar nicht richtig zu schätzen. Abgesehen davon war das Studium zwar hart und ich hatte mit einigen Rückschlägen zu kämpfen, welche ich nur selten als negativ empfunden habe, sondern versucht habe aus meinen Fehlern zu lernen. An dieser Stelle darf nicht unerwähnt bleiben, dass gewisse Personen in hohem Maße dazu beitragen haben, diese Situation gemeinsam mit mir durchzustehen. Es gibt im Übrigen keinen Freischlag von Problemen und Befangenheiten. Einzig und allein dient die Annahme und das Lernen mit diesen Situationen umzugehen, mental frei zu werden. Nur in Verbindung mit den nicht so angenehmen Dingen, ist es mir oder allen Menschen möglich, die schönen Dinge des Lebens zu genießen. Verstehst du? Keine Sorge, ich weiß das es nicht leicht ist, dass ist ein Prozess – glaub mir an diesem Prozess arbeite ich fortlaufend – schon seit Jahren", sagte Jerome.

„Ja, Johannes weißt du, Jerome hat recht. Auch mir fällt es nicht immer leicht und auch ich bekam nicht alles in die Wiege gelegt, selbst wenn es manchmal so zu sein scheint. Nicht nur durch äußere Umstände, sondern auch persönlich und emotionell habe ich einiges durchlebet. Durch das ganze Studium und die Zeit davor im Ausland, hat sich einiges verändert. Ich meine, hier zuhause läuft soweit alles wie gewohnt. Die Dinge scheinen hier größtenteils unverändert zu sein, also hier bei uns im Ort und bei meiner Familie. Aber irgendwie bin ich nicht mehr der gleiche oder finde mich hier nicht so wieder, wie ich es früher tat. Durch gewisse Beziehungen, egal ob Freundin(-nen) oder KommilitonInnen habe ich mich auch verändert. Zu vielen KommilitonInnen hatte ich eigentlich gar keine enge Beziehung, obwohl wir oft gemeinsam feiern waren. Dabei merkt man irgendwann, dass einen bis auf das Studium oder das Studienfach und das gemeinsame Feiern quasi nichts verbindet. Dennoch prägen und beeinflussen uns solche Zeiten und Menschen, auch wenn es nicht immer zu unserem Besten ist. Zumindest denke ich häufig so darüber, wenn ich über bestimmte Situationen nachdenke. Auf der anderen Seite ergeben sich rückblickend oft tolle Momente mit Menschen, bei denen wir zu Beginn dachten, nicht auf einer Wellenlänge zu sein.

Manchmal wünschte ich mich wieder in die alte Zeit zurück. Die Anpassung und das Annehmen der vorgegebenen Umstände fällen mir nicht immer leicht. In der Regel gibt es an all dem was sich ändert, sowohl Vor- als auch Nachteile. Für die Zukunft und die zukünftigen Entscheidungen in unserem Leben, sollten wir auf jeden Fall nach vorne schauen. Dabei sollte zugleich niemals vergessen werden wo wir herkommen, wer wir sind, und vor allem wer unsere Familie und Freunde sind. Ebenso sollten wir unsere Werte verinnerlichen, die uns in bestimmten Phasen geprägt haben. Dabei sollten wir auch auf die Werte, die uns mitgegeben wurden achtgeben. Mittlerweile habe ich gelernt, wenn man diese Themen zu tief hinterfragt, dass häufig die negativen Seiten zum Vorschein kommen. Das ist deshalb nicht immer gut, weil wir uns in der Negativität verlieren können und die viel größeren positiven Aspekte gar nicht mehr wahrnehmen können. Zum Glück bringt jede Veränderung auch positives mit sich, sodass man manche Themen nicht weiter hinterfragen muss, sondern diese einfach als Geschenk annehmen sollte. Im Bezug auf zukünftige Entscheidungen sollten wir jedoch darauf achten, dass die Vorteile für uns und die Menschen um uns herum immer überwiegen sollten. Nur das ermöglicht ein glückliches, zufriedenes und ausgeglichenes

Leben. Daher gilt nicht nur Augen auf bei der Berufswahl, sondern auch Obacht bei der Freizeitgestaltung", sagte Chris.

Der Lagerfeuermoment #Tiefgang

„Ich möchten diesen Gesprächsfluss, diesen Flow gar nicht unterbrechen", sagte Jerome. „Ich finde es Hammer welche Momente und Gespräche bereits zustande gekommen sind. Dennoch – bevor uns die Nacht voneinander trennt, nun nochmal der Hinweis. Jeder der etwas auf dem Herzen hat darf das gerne preisgeben, solange uns diese Flammen noch etwas Licht und Wärme spenden."

Kurzes schweigen betrat die Runde. Chris verarbeitet seine weiteren Gedanken in der Stille und war anschließend offen für neue Gedanken der anderen.

„Ich weiß, ich habe noch nicht wirklich viel dazu gesagt. Und mir fällt es unheimlich schwer darüber zu reden, aber ihr wisst ja wie ich mit meinem Vater – meinen Eltern zurechtkomme", sagt Paul. In der Tat war es für Paul nicht leicht, dass spürte man. Umso mehr freuten wir uns, dass er bereit war von sich zu berichten. „Vieles lief in den letzten Jahren nicht so wie geplant. Zuerst das abgerochene Studium, diese Zeit war vor allem durch äußere Einflüsse geprägt und trug maßgeblich zum Abbruch des Studiums bei. Dann der Einzug und schlussendlich auch wieder der Auszug aus der WG. Anschließend missglückte der Umzug in die erste eigene Wohnung. Nachdem ich aus der WG ausgetreten war, ging es dann nicht wie geplant in die eigene Wohnung, sondern direkt wieder zurück zu meinen

Eltern. Schlussendlich entwickelte sich die einstige Übergangslösung nun zu einem Dauerzustand, auf unbestimmte Zeit. Damals dachte ich mir, wer weiß was sich alles in Zukunft ergibt. Vielleicht ziehen die Mieter in Kürze aus der Wohnung meiner Eltern aus. Sodass ich diese wie fast wie geplant anschließend beziehen könnte. Vielleicht finde ich eine Freundin, mit der sich eine Beziehung ergibt. Nein, irgendwie nicht, bisher blieb alles so wie es war. Auch die Möglichkeit nach einem neuen Job oder einem Studium blieb mir irgendwie verwehrt. Auf der anderen Seite, klar konnten man darüber nörgeln, aber wirklich schlecht hatte ich es ja auch nicht. Obwohl ein wirklich glückliches Zuhause anders aussah. Obwohl meinem Vater und ich viele Gemeinsamkeiten haben, sind wir häufig unterschiedlicher Meinung. Hin und wieder zwingt er mich immer wieder Dinge zu tun, die mir aktuell gar keinen Spaß mehr machen. Holz holen, Rasen mähen, etc. all das aus mache ich aus einer Verpflichtung und einem Zwang heraus, ihm gegenüber. Weil an sich, mal Reifen wechseln oder Holz hacken macht mir schon Spaß, aber mit der Art meines Vaters habe ich schon länger ein Problem. Wahrscheinlich sitze ich deshalb entweder in meinem Zimmer und zocke oder bin Draußen unterwegs. Und wahrscheinlich kommt auch noch die Tatsache dazu, dass ich vermutlich nicht den Vorstellungen und Erwartungen meines Vaters entspreche. Obwohl ich zwar die gleiche Ausbildung wie er gemacht habe, ticke ich ganz anders wie er. Vermutlich denkt er sich für mich eine feste Beziehung und nicht nur eine Frau für eine Nacht. Seit langem kicke ich auch nicht mehr, genauso wenig wie ich auch im Verein tätig bin. Ich glaube all das missfällt ihm, doch richtig aussprechen kann er es auch nicht. Und wenn man ehrlich ist, fällt es mir somit genauso zur Last, wie ihm vermutlich. Nur was soll ich machen. Wenn ich mich im Verein engagiere und es mir keinen Spaß macht, dann hat auch keiner was davon. Versteht ihr was ich meine?"

Paul hatte die Aufmerksamkeit von jedem ergriffen, denn jeder kannte seine Situation verstehen und hatte Verständnis für ihn. Auf der anderen Seite, konnte man es so langsam auch wirklich nicht mehr hören. Wir wussten, dass sein Vater durchaus eine andere Vorstellung vom Leben hatte, als wir und insbesondere Paul. Manchmal denke ich, die beiden haben viele Gemeinsamkeiten und sind vielleicht auf deshalb nicht so gut aufeinander zu sprechen, weil jeder anders über das gleiche Thema denkt. Auf jeden Fall wäre es für Phil längst an der Zeit sein Leben selbst in die Hand zu nehmen, um aus diesem Trott heraus zu kommen.

Klaus nahm sich seiner Gedanken an. „Hi, Phil, über Jahre haben wir deine Geschichte und die Probleme mit deinem Vater mitverfolgt. Meinst du nicht, dass es mal Zeit wäre dein Leben und nicht immer nur dein Zimmer aufzuräumen und mit deinem Vater eine „gemeinsame" Lösung finden. Denn so wie es aktuell noch immer ist, kann es ja schließlich auf Dauer auch nicht weitergehen. Und wie oft haben wir dir gesagt das die Abi-Kumpels auf Dauer nicht das richtige Umfeld für dich sind. Du weißt es doch, du bist doch einer der Intelligentesten unter uns.

Du hast nur keine Disziplin und niemand hat dir, genauso wie uns, jemals erklärt wie man höflich aber direkt mit anderen umgeht und einfach auch mal Nein sagen darf. Nein, sogar Nein sagen zu müssen. Dazu gehört auch das man sein Leben neu strukturiert und viele alte Dinge herausnimmt, die nicht mehr zum aktuellen Leben passen. Ich weiß oftmals besteht eine Hassliebe in der Beziehung zwischen Personen und Freunden. Eben genau wie bei Autos. Da fällt mir nur der 190er ein. Du, nein wir alle – jeder liebte den 190er. Das kannst nur du so gut empfinden, wie niemand von uns. Heute ist er nicht mehr da. Zu viel ging kaputt, zu teuer waren die Ersatzteile und die Reparaturen gewesen, im Verhältnis zum Wert des gesamten Autos betrachtet. Und heute hast du einen neueren Mercedes. Klar es ist kein 190er und hat auch nicht diesen Charme, aber der neue Verbraucht weniger Sprit und er ist deutlich weniger anfällig für Reparaturen. Auch wenn du gerne schraubst, dennoch ist der Neue eine Erleichterung für dich, weil du nicht in jedem Moment daran denken musst, ob er noch bis zum Ziel durchhält. Damals viel der Wagen deinem Vater und dir irgendwann mal zur Last. Es war einfach nicht das Auto, das man sich vorstellte. Am Anfang war es ja noch ok. Nur irgendwann kommt der Zeitpunkt, an dem man einen Cut[28] machen muss. Genauso ist es bei Freunden auch. Bei manchen Freunden läuft die Beziehung einfach nicht mehr so rund wie am Anfang. Dann verändern sich die

---

[28] Bedeutung: Einen Schnitt zu machen oder einen Schlussstrich ziehen.

Umstände und es ist besser nicht länger an dieser Freundschaft festzuhalten und getrennte Wege zu gehen.

Kommen wir nun aber wieder zurück zum Thema. Habt ihr schonmal darüber nachgedacht, dass die Personen mit denen ihr zusammen seid, einen Einfluss und schlussendlich auch eine Auswirkung auf euch und euer Leben haben. Die Auswirkungen können sowohl kurzfristiger, als auch langfristiger Natur sein. Und dass dieser Einfluss sowohl positiv als auch negativ sein kann, sollte jedem bewusst sein. Das lustige daran ist ja, dass sich die kurzfristige Auswirkung wie beispielsweise bei einem ONS[29] sich oftmals durchaus positiv anfühlen kann, wenn man nicht schon komplett dicht[30] ist. Aber auf lange Sicht betrachtet, bringen einen ein oder gar mehrere ONS irgendwie weiter? Vermutlich nicht. So leid es mir tut, aber so ist nun mal. Und genauso ist es auch mit manchen Freunden, sie bringen dich ab einem gewissen Punkt nicht mehr weiter, sondern sie bringen dich vom Weg ab. Zunächst merkst du es nicht, denn es geht ja weiter. Du denkst du läufst

---

[29] ONS ist eine Abkürzung für One-Night-Stand, was so viel bedeutet, wie mit einer unbekannten Person Sex zu haben. Dabei ist der Akt egoistischer Natur und dazu dienst dazu den eigenen Trieben nachzugeben. Bedeutung: Vgl. https://de.wikipedia.org/wiki/One-Night-Stand (Einsichtnahme: 14.11.2020)

[30] Die Bedeutung von dicht wird nach jüngerem Sprachgebrauch, dem Zuständen besoffen oder betrunken zugeordnet. Es beschreibt einen Zustand, der durch die Zuführung von Alkohol ein verändertes Bild abgibt.

nach vorne. Das ist aber nur die halbe Wahrheit. Du bewegst dich vorwärts, aber nicht nach auf dem richtigen Weg. Mit manchen Menschen ist es oftmals lustig und es hat auch einen gewissen Reiz mit diesen Personen etwas zu unternehmen. Betrachtet man das ganze langfristig, führen in aller Regel unangemessenes Verhalten, mangelnde Disziplin, Alkohol und Drogen nicht gerade zu einem positiven und gesunden Leben."

Wie üblich nach einer solchen Ansage hielt sich Paul zurück, um es nicht an sich heran zu lassen. Würde er es hingegen an sich ranlassen, wäre er nun schlecht gelaunt und wütend auf Klaus und uns alle. Leider hat es Paul seit einigen Jahren nicht geschafft, gegenüber gewissen Themen Einsicht zu gewinnen, obwohl Paul nicht dumm ist, ganz im Gegenteil. Hätte er sich nun mal etwas mehr zusammengerissen, dann hätte er im Abi locker einen guten 1er Schnitt geholt. Und sein Studium hätte er auch längst geschafft. Es waren die gleichen Kumpels aus dem Gymnasium, die ihm das Studium gekostet haben und ihn auf falsche Bahnen geleitet haben. Und damit meine ich noch nicht mal den Alkohol, nein ganz plakative Dinge, wie nicht in die Vorlesung gehen und lieber etwas anders unternehmen. Ich verstehe schon, dass man das einmal machen kann, aber auch nur einmal im Semester und nicht einmal in der Woche. Ich möchte unseren Freund gar nicht schlecht reden, aber hier hat ihm schon immer die Disziplin gefehlt. Immer wieder haben wir ihn versucht von den Menschen wegzubringen, die ihn negativ beeinflussen. Wir haben es hin und wieder probiert auf ihn einzugehen, zu oft haben wir es ihm einfach nur gewünscht aus diesem Umfeld herauszukommen.

„Paul, ach komm, sei nicht so. Wir wollen doch nur dein Bestes. Wir verstehen dich. Du hast doch bisher in deinem Leben gar nichts falsch gemacht. So sollte das auch gar nicht rüberkommen. Vielmehr ist uns aufgefallen, dass möglicherweise dein bisheriger Weg irgendwann zu Ende gehen wird. Und bevor du plötzlich vor dem Ende stehst, bestünde doch jetzt die Möglichkeit eine andere Richtung einzuschlagen. An der nächsten Kreuzung einfach mal überlegen, was den jetzt für dich eigentlich an der Reihe ist. Um das ganze vielleicht noch etwas deutlicher und greifbarer zu machen. Paul was liegt dir den noch auf dem Herzen. Erzähl mal wie du dir dein Leben in fünf oder zehn Jahren vorstellst", erwiderte Jerome.

Ein aufmerksames Schwiegen ging durch die Runde. Man merkte, dass sich Paul trotz allem angegriffen fühlte. Natürlich wollte er am liebsten gar nichts mehr sagen. Weil er vermutete, dass alles Weitere was er von sich gab, zu seinem Gegenteil verwendet werden würde.

„Phil, komm, jetzt mach nicht so rum. Gib uns doch einfach ein paar Stichworte, wie du dir deine Zukunft vorstellst. Das muss ja auch nicht im Detail sein, nur im Groben. Gib uns fünf Stichpunkte, komm schon", ergänzte Chris.

„Na gut, aber nur wenn ihr damit nicht wieder gegen mich wettert", erwiderte Paul. „Ehrlich gesagt weiß ich das auch nicht, ich habe noch nie wirklich darüber nachgedacht."

„Dann wird es aber höchste Zeit", antwortete

Nico. „Ganz simple, stell dir vor du wärst nun 35. Jahre jung. Wie würde dein Leben aussehen? Wo würdest du wohnen wollen? Wo und als was würdest du gerne arbeiten wollen? Wie stehst du zum Thema Familie?", sagte Nico.

„Ehrlich gesagt habe ich mir darüber schon hin und wieder Gedanken gemacht, nur nicht so konkret. Eigentlich stelle ich mir schon vor in einem schönen Haus zu wohnen. Es muss nicht sonderlich groß sein, aber es sollte alles aufgeräumt und ordentlich sein, ihr kennt mich ja. Eigentlich habe ich mir schon vorgestellt morgens aufzustehen und dann zur Arbeit zur fahren. Zumindest das Berufsfeld habe ich eigentlich nicht vor zu wechseln, jedoch möchte ich vielleicht eines Tages nicht mehr in der Werkstatt arbeiten. Natürlich kann ich mir schon vorstellen morgens zu Arbeit zu fahren und abends, wenn ich nach Hause komme, begrüßt mich meine Frau, vielleicht sogar mit einem Kind auf dem Arm", erzählte Paul. In diesem Moment merkte man wie sich hinter Pauls vermeintlich harter Schale, die Emotionen aufblühten. Paul war ganz bei sich.

Natürlich bedarf es dazu das richtige Alter und die richtige Lebenssituation. Und wenn es an der Zeit ist, dann natürlich auch der richtigen Partnerin. Streben wir innerlich nicht alle nach diesem Bilderbuch Szenario.

Jerome ist weniger ein Freund von alten Strukturen, die nicht in die heutige Zeit bzw. in seine Muster passen. Diese Strukturen und Gewohnheiten gilt es seiner Meinung nach aufzubrechen. Doch was ist an dieser Situation auszusetzten. Wenn man jemand den man liebt, am Abend wiedersieht und von ihm liebevoll empfangen wird und diese Liebe auch zurückgeben darf. Wenn man sich gegenseitig Mut zuspricht und neben ganz beiläufig erwähnt, wie gerne man den anderen hat. Steckt nicht in jedem von uns der Gedanke, nicht nur sein Erbgut weiterzugeben, sondern auch seine eigenen Nachkommen aufwachsen zu sehen. Seinen Kindern Werte zu vermitteln die einem persönlich wichtig sind. Eine Beziehung mit seinem Nachkommen ist etwas ganz Besonderes, ja etwas Einzigartiges. Diese Beziehung gilt es gilt niemals aufs Spiel zu setzten. So viele gemeinsame Aktivitäten und Erlebnisse sind möglich. Zudem kommen die Nähe und die Verbundenheit, die diese Beziehung zu etwas Besonderem oder vielmehr zu etwas Einmaligem macht. Es ist wichtig darauf Acht zu geben und sich dessen BEWUSST zu werden.

Ist nicht gerade eine Männerfreundschaft eine ganz inne Beziehung. Ist diese Beziehung nicht eng verwandt einer Eltern-Kind-Beziehung, insbesondere mit einer Vater-Sohn-Beziehung? Es ist eine andere Art von Beziehung. Oftmals ist die Männerfreundschaft vielleicht nicht ganz so tief und nicht ganz so innig, dennoch bleibt sie besonders und wertvoll.

„Paul, wir alle teilen mit dir diese Gedanken und können deine Gefühle nur zu gut nachempfinden", sagte Jerome.

Nico nahm das Gespräch auf. „Da kann ich nur zu stimmen. Wünschen wir uns nicht alle, diesen einen Moment, wenn wir unserer Frau liebevoll in die Agen blicken und damit die Liebe zu ihr erkenntlich zeigen. Aber das passiert häufig nicht von heute auf morgen. Phil und auch alle anderen, jeder Mensch - jeder von uns macht seine Erfahrungen mit anderen Menschen. Und immer wo Menschen aufeinandertreffen, entsteht Beziehung oder eben auch nicht. Das ist der Lauf des Lebens und oftmals sehr spannend mit anzusehen. Besonders wenn Personen die sich nicht kennen, das erste Mal aufeinandertreffen.

Man könnte noch viel zu diesem Thema berichten. Aber zu zunächst bin ich dir – Paul, überaus dankbar. Wir wissen, dass es dich viel Überwindung gekostet hat, darüber zu sprechen. Und dass es zudem einem enormen Vertrauen bedarf, sich hinsichtlich dieser Themen zu äußern ist mir auch klar. Dafür sind wir, aber vor allem ich sehr dankbar. Wir kennen uns nun schon wirklich eine halbe Ewigkeit, aber nie haben wir es geschafft uns wirklich gegenseitig auszusprechen. Ich meine es geht mir ja genau so." Eine Träne verließ Nicos Auge. Er schluckte einmal laut. Und dann schossen die Tränen aus ihm heraus und anschließend war auch verbal nicht mehr zu bremsen. „Man Phil – seit unserer Kindheit sind wir Freunde. Unzählige Momente haben wir miteinander geteilt, unter anderem aufgrund der Beziehung unserer Väter. Ich bin so froh, dass du dich ausgesprochen hast. Jetzt wo du das gesagt hast oder wir diese Runde angestoßen haben, wird es mir erst bewusst. Es wird mir erst jetzt bewusst, dass mir so vieles fehlt. Du Phil – ihr alle - ihr habt mir gefehlt. So gesehen bin ich ganz alleine in Tübingen – mit Jana. Meine Eltern und Großeltern sind zudem auch nicht immer glücklich und zufrieden mit meinem Werdegang, auch wenn sie das oftmals nicht direkt ansprechen. Es ist ein tiefer Schmerz, doch viel schlimmer trifft ein das Verhalten, die Anmerkungen, die Fragen und vor allem die zu geringe Wertschätzung. Ich weiß nicht was mein Vater noch von mir halten würde, wenn ich auch nicht mehr kicken würde. Auf der einen Seite fühle ich mich alleine, ja ein Stück weit alleine gelassen. Nicht euch gegenüber, das Wochenende hilft mir sehr. Und jetzt wo ich bei Jana in der WG wohne, läuft auch nicht alles reibungslos, auch sie hat sich verändert. Unsere Beziehung ist daher lange nicht mehr so wie früher. Ich weiß zeitgemäß wäre das auch nicht mehr, trotzdem ist es hin und wieder schwierig. Außer ihr habe ich dort nicht wirklich jemand, mit dem ich mich richtig austauschen könnte. Sensible und emotionale Themen behalte ich daher oft für mich, worüber ich nicht wirklich glücklich bin. Und die Probleme mit Alkohol zu betäuben, sagt es ja auch schon, die Probleme werden lediglich betäubt und nicht gelöst. Und was betäubt wird, wird in der Regel auch nicht angesprochen oder gar ausgesprochen[31]. Keiner hat für solch tiefergehende Themen und Gespräche ein offenes Ohr. Man, ich bin euch so Dankbar für dieses Wochenende, insbesondere für diese tiefergehenden Abende.

Um das aber nochmal anzusprechen. Auf der einen Seite erhalte ich keine Anerkennung und auch keine Rückendeckung, auf der anderen Seite weiß ich

---

[31] Ausgesprochen, bedeutet in diesem Fall: sich etwas von Seele reden.

selbst noch nicht, wo mich mein Leben hinführen wird, selbst beruflich nicht. Klar macht mir das Studium Spaß, aber wie ist es im Job nachher wirklich. Werde ich da tatsächlich glücklich, mit dem was ich da tue? Und davon mal ganz abgesehen, sind neben dem Thema Beruf auch noch die Themen Freundin beziehungsweise Partnerschaft offen."

Klaus griff ins Geschehen ein. „Ja man, es scheint als würden wir alle in der Scheiße stecken, doch wir haben uns und wir haben diesen einmaligen Moment. Diesen einzigen Moment, haben wir nur für uns. Auf uns Männer. Und auf unsere Zukunft, auf eine gemeinsame Zukunft – auf unsere Männerfreundschaft."

Im selben Moment als die Flaschen ein letztes Mal an diesem Abend aneinander klirrten, erlosch die letzte Flamme, die uns bis gerade noch etwas Licht und Wärme spendete. Was für ein Abend, was für ein Moment, was für eine Tiefe, was für eine Verbundenheit, was für ein Zusammenhalt.

In diesem Moment überkam mich ein unbeschreibliches Gefühl. Eine nie zuvor dagewesene Tiefe der Freundschaft durchströmte meinen Körper und meine Gedanken. Ein Gefühl das alles in mir überkam und uns alle vereinte. Dieses Gefühl blendete alle anderen Gedanken und Bedürfnisse aus. Wir lebten für genau diesen einen Moment.

„Männer", sagte Chris. Im selben Moment als er dieses Wort aussprach, musste wohl auch sein Auge eine Träne verlassen haben. Sehen konnten wir es bei der Dunkelheit, trotz des klaren Himmels nicht. Aber man konnte es spüren und erkannte es an seiner

Stimme. „Spürt ihr es auch?", fragte er. Alle wussten was gemeint war.

Es war daraufhin entweder nur ein schweigen oder eine Bestätigung in Form eines „Ja" zu vernehmen.

„Was für ein Moment. Auf einmal kommen mir auch noch tausend Dinge in den Kopf, wo ich mich unsicher fühle oder wo es in meinem Leben einfach nicht so geklappt hat, wie ich mir es vorgestellt hatte. Ich möchte jetzt nicht noch ein Fass aufmachen, aber es fühlt sich für mich trotzdem so an, als hätte ich an diesem Abend vieles niedergelegt - innerlich. Es braucht wohl nun im Nachgang noch Zeit und vor allem Kraft, Willensstärke und vielleicht auch etwas Überwindung, diese Themen sorgfältig anzugehen. Danke. Danke Euch allen," ergänze Chris.

„Ich denke, das ist nicht nur ein schönes und dankbares, sonders vor allem auch ein passendes Schlusswort für diesen Abend", sagte Nico. „Die meisten von uns, werden wohl noch offene oder unausgesprochene Themen haben, die in der Zukunft schrittweise aufzuarbeiten sind. Viele von diesen Themen können wir vielleicht sogar selbst klären. Manche der Probleme können mit der Familie oder den Bekannten geklärt werden. Aber nach diesem Wochenende kann ich nur dafür appariren, dass wir manche Themen einfach im harten Kern besprechen sollten. Ich stelle mich hiermit als Gesprächspartner und Zuhörer zur Verfügung. Egal mit wem wir diese Themen angehen, vergesst nicht es kostet Überwindung, Disziplin, und emotionale Energie. Doch die Zeit die danach kommt beruht auf Stärke, Ruhe, innere Kraft und Energie. Diese Zeit und die Elemente werden durch das entgegengebrachte Vertrauen getragen. Auch wenn es einem schwer fällt und unangenehm vorkommt, die emotionale und psychische Heilung ist gerade dann im Gange. Häufig genügt allein das Gespräch um die Heilung voranzutreiben. Oftmals genügt es Zeit mit einer vertrauten Person zu verbringen, dabei muss nicht einmal über das Thema zu gesprochen werden. Allein der Austausch und das Gefühl der Geborgenheit, hat eine heilende Wirkung auf unser seelisches Empfinden. Zudem impliziert diese Nähe häufig auch, dass Verständnis und Mitgefühl des anderen. Ich werde versuchen ein offenes Ohr für jeden von Euch zu haben. Zumindest ich habe Themen, die ich vermutlich nicht eigenständig lösen kann. Diese Themen würde ich gerne mit Euch besprechen, egal ob in der großen Runde oder mit einzelnen von Euch. Ich hoffe das ist auch für jeden von Euch OK und ich hoffe, dass dazu jeder einzelne von Euch die gleiche Einstellung hat. Ich wünsche jedem von uns, dass er seine Themen aktiv angeht und sich bei Bedarf meldet. Die persönliche Einstellung zu den Themen ist nämlich für das gegenseitige Vertrauen und Miteinander enorm wichtig. Wie haben wir uns alle über dieses Wochenende gefreut, doch wie viel Kraft, Anlauf, Energie und Überwindung hat es jedem Einzelnen von uns gekostet? Wie viel Energie hat es gekostet, dass ganze so stattfinden zu lassen, wie uns nun geschehen ist? Im Nachgang an die Wanderung und die Gespräche wird einem erst bewusst, wie zerrüttet wir doch waren, wie weit sich unsere Freundschaften auseinandergelebt hatten. Es wird auch in Zukunft immer einzelne Kleingruppen und

Zweierteams geben, die diesen Austausch und die Gemeinschaft zusammenhalten. Das ist auch gut so. Wichtig ist nur das wir das auch tatsächlich tun. Und mal ganz ehrlich, wie weh hat es euch im Nachhinein betrachtet getan, gemeinsam als harter Kern dieses Wochenende, als Teil unseres Lebens zu verbringen."

„Hey Jungs, ich bin grade noch völlig in einer anderen Sphäre unterwegs", sagte Klaus. „Aber das Wochenende war echt abnormal krank[32]. Ich hätte es ja kaum für möglich gehalten, dass es so stattfinden kann, wie es nun schlussendlich stattgefunden hat. Ich bin euch echt dankbar für eure offene und ehrliche Art, für die Gespräche, das hat mich wirklich tief berührt. It's going to my heart[33]. This was really deep shit[34]. Danke Mann. Danke Jerome, danke an alle!"

„Um auch mal noch kurz etwas zu sagen", sagte ich. „Ich muss das Ganze erstmal verarbeiten. Und ehrlich gesagt, habe ich so etwas in meiner Beziehung mit Alessa, schon lange nicht mehr erlebt. Generell habe ich so einen Abend mit so einem Flair noch nie gespürt, dass war für mich eine ganz neue und krasse Erfahrung. Die Zeit wird mir noch lange in sehr guter Erinnerung bleiben. Aber vor allem möchte ich Jay und Klaus für die Idee und die Organisation danken. Am Anfang war ich sehr skeptisch, weil ich eben nicht wusste was mich

---

[32] Jugendsprache Bedeutung: außergewöhnlich gut

[33] Übersetzung Bedeutung: „Es hat mein Herz berührt" oder „Es ist mir nahe gegangen".

[34] Übersetzung Bedeutung (kontextbezogen): „Es ging inhaltlich sehr tief."

erwartet. Im Nachhinein kann ich einfach nur danke sagen, danke fürs mitnehmen und überreden."

„Ja es war auch für mich echt schön, mal was ganz anderes", ergänzte Phil. „Eigentlich mag ich sowas ja ehr nicht, aber ganz ehrlich ich habe die Zeit mich euch genossen und werde sie schon jetzt vermissen."

Nachdem die letzten Worte gesprochen wurden und die Glut vollends erloschen war, war nun die Zeit gekommen, sich körperlich als auch mental von diesem Abend zu verabschieden.

Jay fügte diesem Abend noch ein letztes Wort hinzu. „Männer, eigentlich bräuchte ich nichts mehr zu sagen. Lange habe stillgehalten. Aber nun noch ein paar Worte von mir. In mir ist genauso ein Tiefe wie in euch entstanden. Ich hatte so oft Gänsehaut an diesem Abend wie niemals zu vor. Es wurde nun schon oft gesagt, aber ich bin euch allen, jedem einzelnen und damit auch dem gesamten harter Kern überaus Dankbar für dieses Wochenende, insbesondere für diesen Abend. Für das zusammenkommen, das zusammenschweißen möchte ich mich bedanken und freue mich auf eine erfüllte und gemeinsame Zukunft. Mehr möchte ich auch gar nicht sagen, außer dass ich euch allen noch eine Gute Nacht wünsche."

Und so verabschiedeten wir uns alle in den Abend, verließen die Feuerstelle und bewegten uns andächtig über das Treppenhaus in Richtung Bett.

Zusammenfassung

DER 2. Abend. Lagerfeuermomente. Tiefgang. Die finale dritte Stufe. Für die Stimmung des Abends, war der Tagesablauf maßgeblich verantwortlich. Die

Gemeinschaftsaktion und die Wanderung im Regen mit dem Erreichen des Gipfelkreuzes, waren die beiden Schlüsselerlebnisse. Im Hintergrund wurde viel Vertrauen aufgebaut, dass ermöglichte einen gefühlvollen Abend mit Tiefgang.

Praxis

Generiere zuerst solche Momente, die den ersten beiden Stufen der Beziehungsebenen entsprechen. Das schafft eine solide Vertrauensbasis. Anschließend kannst du für dich und deine Gemeinschaft die dritte Stufe gewinnen und erleben. Mach es für dich und deine Freunde erlebbar. Tue es für sie und für Dich.

10 Ausklang

Alle fanden nach diesem Abend einen tiefen und erholsamen Schlaf. Leider fand das Wochenende nach einem erneuten Frühsport am nächsten Morgen und einem anschließenden und ausgedehnten Frühstück viel zu schnell sein Ende. Der harte Kern verließ anschließend das Allgäu nach einem Zwischenstopp am See, in Richtung Heimat.

Anhang

Exkurse

Der kleine Exkurs: Heute, für Morgen - für Dich

Viel zu oft machen wir uns über unwichtige und noch viel schlimmer über vermeintlich wichtige Dinge Gedanken. Um uns ein gesundes und wohltuendes Umfeld zu schaffen, bedarf es oftmals gar nicht allzu viel. Doch warum scheitern so viele daran? Es gibt Menschen die im heute, hier und jetzt leben und es im Leben vordergründig auf kurzfristige Impulse, Spaß und unvernünftige Anreize abgesehen haben. Das man aber auch heute etwas für sich tun kann, bei dem man das Ergebnis erst morgen ersichtlich ist, ist den meisten nicht bewusst. Nehmen wir nur mal das Beispiel einer Geldanlage. Wenn du heute 100 Euro anlegst und sagen wir du bekommst am Ende eines Jahres 5 % Zinsen ausbezahlt, dann bekommst du nach einem Jahr 5 Euro, zu den 100 Euro die du angelegt hast. Das Prinzip ist, du handelst heute für Dich und erhältst Morgen etwas zurück. Wenn du hingegen sagst es lohnt sich nicht 100 Euro anzulegen, weil du heute leben möchtest und das Geld ausgibst, dann hast du nach einem Jahr 0 Euro. Das Ergebnis ist, dass du nicht nur dein erspartes Geld von 100 Euro, sondern auch die zusätzlichen 5 Euro nicht bekommst, weil du Dich vor einem Jahr entschieden hast das Geld anderweitig zu verwenden. Dieses Beispiel soll verdeutlichen, wie es in so vielen Lebensbereichen laufen kann. Das Prinzip ist anhand von nominellen Werten sehr leicht und verständlich darzustellen. Es gilt jedoch genauso für Freundschaften, Beziehungen, Familie, Glaube, Sport und alle weiteren Lebensbereiche unseres Lebens. Heute schon etwas für morgen tun. Eine Weitsicht auf die Dinge haben. Nicht immer nur auf sich schauen, sondern auch nach seinem Umfeld und den anderen Menschen schauen, die nicht die Möglichkeiten haben, die man selbst hat. Nicht nur immer die Ich-will-jetzt-haben-Haltung einnehmen, sondern an der Stelle auch mal Verzicht üben. Dazu zählt auch, dass wir gewisse Themen nochmals überdenken und nicht immer nur aus dem Bauch heraus entscheiden.

Exkurs: Die Arten der Beziehungen

Gesunde Beziehungen und Freundschaften - prägen sie einen nicht? Es ist viel mehr als eine Prägung, denn sie machen einen Großteil unseres Lebens aus. Es gibt viele Arten von Beziehungen und ich glaube das alle ihren Sinn haben und von Relevanz sind und nicht nur eine bloße Daseinsberechtigung haben. Klar erscheint beispielsweise die Beziehung zur Partnerin wichtiger und wertvoller als zu einer Geschäftskollegin – hoffentlich zumindest. Aber irgendwo sind alle diese Beziehungen mehr oder weniger bedeutsam. Zu unterschiedlichen Verwandten und Bekannten haben wir in der Regel eine Beziehung, diese kann jedoch sehr unterschiedlich ausfallen. Angefangen von der Beziehung zu unseren Eltern und Großeltern, sowie unseren Geschwistern. Diese zählen mit zu den nahestehenden Personen in unserem Leben. Das bietet Potenzial für eine enge und liebevolle Beziehung. Leider gibt es Menschen, die diesen Umgang nicht gelernt haben und erleben durften, was häufig zu großen Lebensproblem führt. Je näher man sich also steht, desto höher ist die

Chance, dass man als Familie zu einem wunderbaren Miteinander zusammenfindet. Zugleich erhöhts sich aber auch das Risiko, dass sich die Familie zu einem verfeindeten und schrecklichen Ort entwickelt.

Neben diesem engen Familienkreis gibt es noch weitere Verwandtschaftsbeziehungen, wie beispielsweise, Cousinen, Cousins, Tanten und Onkel, diese können durchaus eine relevante Rolle in unserem Leben spielen, besonders im jungen Alter. Kann oder können, heißt immer es besteht die Möglichkeit, das heißt im Umkehrschluss auch, dass es nicht immer so ist und sein muss. Vom Gefühl her gibt es Bekannte die einem egal sind, vermutlich weil sie einem egal sind. Und es gibt Verwandte die es mit einem wirklich ernst meinen. Bestimmt gibt es auch welche, aber vermutlich nur wenige, die tatsächlich des Öfteren Aktivitäten, Ausflüge oder gar Urlaube mit ihren Neffen und Nichten unternehmen. Und in den vermutlich seltensten Fällen, bauen eine diese Personen auf, coachen einen oder geben einem hilfreiche Lebenstipps mit an die Hand. Das ist je nach Familiensituation und sicherlich auch nach der geographischen Lage mehr und weniger möglich. Neben diesen leider oftmals zwanghaften familiären Beziehungen, bestehen in der Regel auch freundschaftliche Beziehungen in unterschiedlicher Art und Weise.

Neben Freunden mit denen Beziehungen aus

früheren Zeiten [35] bestehen, bestehen weitere freundschaftliche Beziehungen. Mit diesen Freunden/innen werden oftmals Gemeinsamkeiten aus der Freizeitgestaltung geteilt. Dazu zählen oftmals Freundschaften aus jüngerer Vergangenheit, wie zum Bespiel aus einem Sportverein[36]. Zumindest aus eigener Erfahrung, können Beziehungen zu Personen aus Vereinen teilweise zwiegespalten sein. Leider können aus diesen Beziehungen auch reine oder überwiegende Verpflichtungen werden, da diese Beziehungen der Vereinsstruktur zu Grund liegen. Dann wird das (negative) Gefühl der Vereinstätigkeit mit der freundschaftlichen Beziehung assoziiert, was sich somit (negativ) auf die Beziehung auswirken kann. Auf jeden Fall beeinflusst die Vereinstätigkeit diese Beziehung, dies gilt übrigens auch für berufliche Freundschaften. Neben diesen negativen Assoziationen, besteht die Möglichkeit einer nicht ganz so innigen, aber prägenden und langanhaltenden Freundschaft. Komisch ist es schon, aber dem Autor geht es manchmal so, dass solche Beziehungen über Jahre hinweg bestehen und wachsen. Diese Art von Freundschaft ist so aufgestellt, dass sich die Gemeinsamkeiten auf ein oder wenige Themen

---

[35] Diese früheren Zeiten beziehen sich insbesondere auf Kindergarten, Schule, weiterführende Schule, Ausbildung und Studium.

[36] Selten aber dennoch möglich sind auch hier länger anhaltende Freundschaften. Diese müssen deshalb nicht zwingend tief und innig sein, trotzdem sind diese sehr wertvoll und vor allem rar. „Denn nichts ist beständiger als der Wandel", von Charles Darwin.

beschränkt. Daher ist es nicht gerade unüblich, dass diese Personen nicht zu Geburtstagen eingeladen werden. Da die Freundschaften eben nicht so innig sind. Diese Art von Freundschaft ist dennoch sehr wichtig. Sie lebt häufig unter dem Aspekt der Quantität, dies ist jedoch nicht negativ zu werten. Diese Beziehungen haben ihre großen Wirkungen im Alltag.

Die tiefen und engen Freundschaften können hingegen unter der Quantität leiden, jedoch nicht daran scheitern, viel entscheidender ist hierbei die Qualität. Es ist die Qualität der gemeinsamen Erlebnisse[37] aus der Vergangenheit und der Zukunft.

Aus beruflichem oder schulischem Umfeld können sich ebenfalls Freundschaften bilden, aus dem sogenannten kollegialen Umfeld. Diese Beziehungen sind jedoch mit Vorsicht zu genießen. Oberflächlich machen diese oftmals einen guten Eindruck, doch woher wissen wir wie der andere wirklich tickt[38]. Was andere über uns denken, kann uns grundsätzlich egal sein, zumindest in aller Regel. Problematisch wird es nur, wenn unser Gegenüber, unser vermeintlicher Freund, ein schlechtes Bild von uns an die Öffentlichkeit trägt. Dan sollte es uns entweder weiterhin egal sein oder wir sollten schleunigst eingreifen und dagegen steuern. Das Szenario kann entsteht, wenn Beziehungen keine oder

---

[37] Diese Erlebnisse sind vielfältig. Dazu zählen unter anderem Gespräche, Erfahrungen, persönliche Situationen und intime Momente.

[38] Erfahrungen prägen sich nun mal ein, ob man will oder nicht und by the way, das hat in erster Linie nicht mit Vergebung zu tun.

zu wenige Gemeinsamkeiten aufweisen. Wenn es schlecht läuft ist die einzige Gemeinsamkeit der Arbeitsplatz beziehungsweise der Arbeitgeber. Wie kann das sein. Gemeinsame Freizeitaktivitäten und Lebenseinstellungen, treffen bei Arbeitskollegen selten aufeinander. Jedoch verbindet die Arbeit, beziehungsweise die Arbeit kann Menschen verbinden. Warum bestehen oftmals keine Gemeinsamkeiten zwischen Arbeitskollegen? Ganz einfach, weil zu viele Menschen nicht das tun was sie lieben oder was sie erfüllt. Würden also mehr Menschen das tun, was sie lieben und dann aus beruflichen Gründen aufeinandertreffen, dann würden wohl deutlich mehr und intensivere Freundschaften am Arbeitsplatz entstehen. Ein ähnliches Problem das damit zusammenhängt ist, dass die Menschen die ihre Arbeit mögen, ihr nicht Liebe und Hingabe nachgehen. Warum die Menschen nicht mit Hingabe arbeiten? Das Problem liegt meist bei uns selbst und seltener an den äußeren Umständen. Viele Empfindlichkeiten, Sichtweisen und Wahrnehmungen gehen von uns aus, doch liegt es nicht an uns, die Umstände so anzunehmen wie sie sind und dabei dennoch glücklich zu sein? Wer das nicht kann und daher ohne Liebe und Hingabe arbeitet, der wird auf Dauer genauso Unwohlsein und Frustration empfinden, wie wenn er die Arbeit ausführen würde, die ihm keine Freude bereitet.

Neben den Gemeinsamkeiten, ist wahrscheinlich ein Faktor noch viel entscheidender. Es ist die passion [39] , die bereits als zweiter Punkt

---

[39] Übersetzung wortgetreu: Leidenschaft

152

angesprochen wurde. Die passion ist ein entscheidender Faktor, der Hingabe und der damit einhergehenden positiven Energie und Ausstrahlung. Diese Energie und die Ausstrahlung sind ansteckend. Bei schlechter Laune, unproduktivem Druck, Überforderung und Demotivation, kann man zwar auch Kollegen anstecken, jedoch nicht im positiven Sinne. Langanhaltende Freundschaften kann man unter diesen Umständen wohl kaum entstehen.

Durch eine Ausbildung oder ein Studium rutschen Menschen quasi förmlich in einen Beruf. Was ist, wenn dieser Beruf nicht dem Traum vom Beruf entspricht, den man sich erhofft hatte. Zu viele Menschen finden sich mit dieser Situation ab und bleiben bis zur Rente in diesem Beruf. Auch aus dieser Perspektive können sich Gemeinsamkeit ergeben. Wenn beide Kollegen diesen Job nicht präferieren, dann stellt das somit auch eine Gemeinsamkeit dar. Aus diesem negativen Mindset[40] bilden sich in der Regel keine guten und vor allem langfristigen Freundschaften, die von positiver Prägung sind.

Ergebnisse, Ziele und Erwartungen der heutigen Gesellschaft

Die Gesellschaft fordert immer mehr Ergebnisse,

---

[40] Übersetzung: Denkweise, Einstellung oder Mentalität. Mentalität wird vorrangig als psychische Persönlichkeitseigenschaft für Denk- und Verhaltensmuster bezeichnet.
Mentalität: Vgl.
https://de.wikipedia.org/wiki/Mentalit%C3%A4t
(Einsichtnahme: 20.12.2020)

teilweise nur noch Ergebnisse, zwischenmenschliche Beziehungen bleiben am Straßenrand. Was kann also so eine Zeit unter Freunden in diesen Phasen und Stufen für Ergebnisse liefern? Keine, sie liefert zumindest keine nominellen Ergebnisse. Oftmals löst diese intime und intensive Zeit sogar Probleme aus, da tiefsitzende Themen aufgegriffen werden, die zudem sentimental oder negativ belastet sein können. Warum kann sich diese Zeit trotzdem als äußerst wertvoll herausstellen? Ganz einfach, weil das Ergebnis kein nominelles Ergebnis ist und genau das ist der Grund. Es ist nicht messbar, es ist nicht vergleichbar. Es gibt Themenbereiche in unserem Leben die nicht messbar sind und genau diese weniger definierbaren Bereiche haben ihren Reiz. Es geht nicht immer nur um Zahlen, Vergleiche sondern um Gefühle und Gedanken.

Nominelle Ziele

Oftmals wird in Bezug auf ein Wochenende die Frage gestellt, wie es war. Zu häufig und zu routiniert erhält man die Antwort, gut oder schlecht, gefolgt von einer Begründung, die auf sachlichen Werten beruht wie, z.B. wir sind so viel Kilometer gelaufen, wir waren so viele Stunden an der Sonne, 2 Tage lang hat es geregnet oder wir standen 10 Stunden lang im Stau. Diese Ereignisse haben jedoch nicht im Geringsten damit etwas zu tun, wie es tatsächlich war. Viele von uns reden sich jedoch ein, dass anhand der Zielerreichung oder der Nichterreichung von nominell gesteckten Zielen ein Erlebnis gut oder schlecht war. Dabei werden diese Ziele zuvor meist gar nicht definiert beziehungsweise kommuniziert. Allzu oft wird nur im Nachgang von nominellen Umständen gesprochen, welche dann zugleich die Bewertung oder Feststellung für dieses Ereignis darstellen. Schade, dass viel zu oft nach dieser Denkweise gehandelt und gesprochen wird. Den das Ereignis muss gar nicht im Zusammenhang mit einem Ergebnis stehen. Den ein Ergebnis fügt immer ein Mensch, einem Ereignis hinzu. Viel wichtiger ist doch was zwischen den Zeilen geschieht, welche prägenden Erlebnisse geteilt werden, welche Erinnerungen bleiben, welche Emotionen freigesetzt wurden und welche Freundschaften entstanden und gewachsen sind. All das kommt viel zu selten zum Vorschein, obwohl dies genau der Punkt ist, um den es eigentlich geht, zumindest in diesem Buch und hoffentlich auch in deinem Leben.

Nicht nominelle Ziele

Zum einen sollten die Ziele und Werte, die vorab gesteckt wurden, nicht nur rein nomineller Natur sein. Nicht nominelle Ziele könnten in diesem Fall beispielsweise das Abschalten vom Alltag sein oder ohne Dingen die einem Spaß machen, wie zum Beispiel Sport machen oder lesen ohne Zeitdruck nachzugehen. Spazieren oder in der Natur wandern gehen ohne Karte, ohne Zeitplan und ohne ein Ziel, steht beispielweise für ein nicht nominelles Ziel.

Besser wäre es doch, wenn ein bestimmtes Ziel erreicht wurde, dass es einen positiven Eindruck hinterlässt. Und wenn das Ziel nicht erreicht wurde, dass man sich den Lerneffekt daraus zu nutzte macht.

Gefühle

Selbst diese nicht nominellen Ergebnisse stehen nicht zwingend in Bezug zudem, was unsere Gefühle sagen, wie es uns geht, was wir denken oder was wir erlebt haben. Daher sollte ein Umdenken stattfinden, weg von den nominellen Zielen, hinzu unseren Gefühlen, unserem Wohlbefinden und dem gemeinsamen Miteinander. Erleben können wir diese Situationen leicht, weil der Mensch instinktiv weiß was ihm guttut und was nicht. Getreu dem Motto, „Follow your instinct[41]." Wir scheinen es nur verlernt zu haben und stellen viel zu häufig unsere eigenen Gedanken und Strukturen über unsere Gefühle und über das was unser Herz sagt. Viel zu oft bringen wir unsere Emotionen und Gefühle mit Ausreden oder angeblich wichtigeren oder effizienteren Themen zum Schweigen.

Um wieder zurück zu kommen, ich hoffe es wurde deutlich, dass eine solche Zeit voller Gemeinschaft, kein nominales Ergebnis liefert und infolgedessen nicht positiv oder negativ zu bewerten ist. Sondern es ist viel mehr, in dieser Zeit können unbeschreibliche und unvorhergesehen Dinge geschehen, es können Schulden aufgedeckt werden, zerbrochene Freundschaften und Beziehungen können aufgedeckt und wieder geheilt werden. Traurige Ereignisse wie Scheidung, Tod und weitere harte Verluste können aus- und angesprochen werden. Dennoch sollte der Fokus nicht nur auf den negativen Themen liegen, es kann jedoch sinnvoll sein mit diesen negativen Gedanken das Gespräch zu eröffnen. Warum? Weil das Mitgefühl in der Regel stärker ausgeprägt ist, als wenn jemand über seine Erfolge berichtete. Das fördert das gegenseitige

---

[41] Wortgetreu: „Folge deinem Instinkt."

Verständnis und den Zusammenhalt untereinander. Es baut Vertrauen auf und fördert das Gespräch und die gemeinsame Zeit. Zudem können bei dem Berichten der positiven Erlebnisse und Erfolge, schnell Neid und Eifersucht entstehen, was wiederum nicht förderlich für das Gemeinschaftsgefühl ist. Das schlimme dabei ist, dass oftmals durch Neid und Eifersucht, zu viele negative Gedanken bei einem schwachen und unausgeglichenen Zuhörer aufkommen können. Auch wenn diese Gedanken oftmals nur im Unterbewusstsein kreisen, stören sie dennoch das Gemeinschaftsgefühl und die Atmosphäre.

Durch Ermutigung, Zuspruch und gewährenten Zusammenhalt und Beistand, wird die Freundschaft mit dieser Vorgehensweise gestärkt. Einen positiven Werdegang des gemeinschaftlichen Gesprächs und des Beisammenseins legt einen wärmenden Mantel um diese bestehende Beziehung. Ich denke, dass sollte als „Ergebnis" einer solchen Gemeinschaftserlebnisses reichen.

Exkurs: Persönliche Worte des Autors

Oftmals gilt, je mehr alles in Ordnung zu sein scheint und je besser die örtlichen Gegebenheiten zueinander sind, desto seltener nehmen wir uns und unsere Beziehungsmomente wahr. Viel zu oft leben wir einfach am Leben und unseren Mitmenschen vorbei. Wir verhalten uns gerne höflich, oberflächlich und unauffällig – ja warum den nicht – stört ja niemand. Ein bisschen Smalltalk und gut ist. Doch genau das macht uns kaputt, wir fühlen uns nicht geborgen und schon gar nicht ernst- beziehungsweise wahrgenommen. Warum sollten wir auch tiefer gehen, uns öffnen und Herzblut miteinander teilen? Wenn wir es zu oft erlebt haben, dass wir ausgenutzt, missbraucht, hinterzogen, verascht und verachtet wurden. Warum soll man sich also erneut in die Gefühlsachterbahn des Lebens setzten, dem Leben freien laufen lassen, sich dem Leben hingeben und nichts mehr von sich und Morgen erwarten. Warum sich also täglich psychisch und mental penetrieren[42] und prostituieren[43] lassen? Warum sich also täglich auf den Strich des Lebens begeben und sich der Arbeit für Geld zur Verfügung stellen? Warum täglich für eine paar Kröten die letzte Kraft und Lebensenergie aufwenden. Warum all das? Tun wir dies nicht für die, die wir noch lieben? Tun wir es nicht für unsere Kinder und unsere Eltern? Tun wir es nicht für uns selbst? Wer sind wir geworden, dass wir uns selbst keine Würde und Anerkennung mehr schenken. Das wir uns selbst Aufgeben, uns von außen niederschlagen lassen und in die Schranken weisen lassen. Wir sind etwas Besseres also nur ein Angestellter, ein Erzieher, ein Trainer, ein Koch, ein Beamter oder ein Vater. In dir steckt doch so viel mehr. Nicht das die Aufgaben eines Vaters nicht wertvoll sind, ganz im Gegenteil. Wir müssen nur verstehen, dass es ein Teil in unserem Leben ist. Vielleicht der größte und wertvollste Teil, aber schlummert da nicht noch mehr in uns?

Oftmals schlummert doch der Gedanke ins uns, dass wir später etwas miteinander unternehmen

---

[42] Gemeinte Bedeutung: Sich geistig überstimulieren lassen.

[43] Gemeinte Bedeutung: Sich demütigen lasen oder sich für Geld anbieten (im nicht-sexuellen Kontext).

können, denn schließlich haben wir ja ewig Zeit. Haben wir wirklich ewig Zeit, sind wir uns da sicher, vielleicht zu sicher? Wie oft haben wir es schon erlebt, dass aus einem später, ein lieber morgen statt heute, ein irgendwann oder ein mal schauen wird. Wir wissen doch oft selbst nicht, was alles in uns schlummert und zu wie viel mehr wir im Stande sind zu leisten. Wenn wir ehrlich sind, wissen wir doch manchmal gar nicht mehr wer wir sind oder zu was oder wem wir stehen sollen. Viele Einflüsse prasseln täglich ungefiltert auf uns ein. Die Aufnahme, die Verarbeitung und der Umgang dieser Einflüsse stellt uns vor große Herausforderungen. Nie haben wirklich gelernt damit umzugehen. Gedanken zu filtern und bestimmte Meinungen und Eindrücke auch mal bei Seite legen zu dürfen. Das kann in uns ein großes Durcheinander und damit auch eine große Unsicherheit schaffen. Wir sind nur noch der Spielball von anderen und auch von uns selbst. Dadurch erkennen wir häufig den Wert von Zeit, Moment und Begegnung nicht mehr. Weil wir es verlernt haben bewusst wahrzunehmen. Vielleicht auch weil wir verlernt haben Entscheidungen zu treffen und Verbindlichkeiten einzugehen. Unser aktueller Umgang mit der Zeit, in Verbindung mit unseren Gewohnheiten macht uns kaputt, krank und entfernt uns seelisch voneinander. Keiner möchte mehr für den anderen einstehen oder seine Zeit für jemand geben, von der er selbst keinen Mehrwert hat. Wie egoistisch sind geworden? Sind wir das? Sind wir das was wir schon immer waren? Ist der Mensch den nicht zur Veränderung bereit?

Und plötzlich werden wir älter, nicht zwingend alt, aber eben älter und sehen, dass aus all den „mal schauen" oder „ich melde mich dann" ein nie geworden ist. Chancen sind an uns vorbeigegangen sind und anderen angeblich wichtigeren Dingen zum Opfer gefallen. Oder ganz einfach und hart gesprochen, Chancen und Möglichkeit sind an unserem Ego zugrunde gegangen. Ein paar vermeintlich harte Worte für ein verhältnismäßig angenehmes Buch, nicht wahr? Nur, wenn wir uns selbst nicht reflektieren, dann wird nichts passieren und ändern werden uns auch nicht. Und alles läuft wie bisher. Alles läuft so weiter, so wie, bevor Du diese Zeile gelesen hast. Deine Freunde wissen vermutlich ehr nicht das Du dieses Buch gelesen hast. Warum solle ich etwas ändern? Warum muss ich in der Gruppe derjenige sein, der Unruhe reinbringt? Weil es sonst niemand tut, niemand außer Dir wird etwas verändern! Nun bist Du gefragt. Nun ist es an der Zeit, dass Du deine eigene Komfortzone verlässt. Jetzt bist Du an der Reihe, deine eigenen Hürden zu überwinden. Und wenn Du es wirklich willst, dann musst Du auch über die Hürden der anderen springen, vielleicht auch mit ihnen gemeinsam. Ein paar ehrliche Worte aus dem Herzen des Autors.

*Ab hier ergreift der Autor persönlich das Wort.
Also fortan ergreife ich das Wort.*

Epilog

Für deine Zukunft und die deiner Freundschaften und Beziehungen wünsche ich Dir alle Gute. Ich hoffe und bin überzeugt, dass Du aus diesem Buch einzelne Punkte für Dich und deine Freundschaften mitnehmen konntest. Ich hoffe es hat Dich inspiriert. Nutzte ein solches Wochenende oder einen ähnlichen Anlass, als Start um deine Freundschaft auf dein gewünschtes Level zu heben. Diese Erlebnisse sollen den Start einer ganz neuen Ära deiner Freundschaft darstellen.

Kritik

Wenn Du Kritik äußern möchtest oder mir mitteilen möchtest, dass alte oder neue Männerfreundschaften entstanden sind, dann freue ich mich über Deine Nachricht.

Ich bekenne mich des christlichen Glaubens und zugleich muss ich sagen, dass ich kein studierter Theologe bin. Ich kann mir gut vorstellen, dass die Gedanken aus dem Buch nicht deiner Weltanschauung entsprechen, egal ob Christ oder nicht. Hervorheben möchte ich, dass ich mit diesem Buch keine neue Glaubensrichtung oder Religion einschlagen wollte.

Es könnte auch vorkommen, dass ich mich in diesem Buch nicht korrekt oder missverständlich ausgedrückt habe, hiermit bitte ich um Verständnis. Falls sich jemand verletzt oder angegriffen fühlt, dann tut mir das leid, dafür möchte ich mich an dieser Stelle entschuldigen.

Ich freue mich über positive und negative Kritik. Lass uns gerne unsere Gedanken austauschen, sodass ich von Dir lernen kann.

Kontakt: autor-fichtholz@web.de

Literaturverzeichnis

Zielgerichtet sollte kein geistiges Eigentum, anderer Werke und Autoren in dieses Buch mit einfließen. Doch das schien mir durch äußere Einflüsse, Gedanken und Worten unmöglich zu sein. So habe ich im Laufe meines Lebens unzählige fremde Gedanken aufgenommen, verarbeitet und schlussendlich auch in diesem Werk wiedergegeben.

Besonders hervorzuheben sind folgende Werke, die ich während beziehungsweise vor der Erstellung des Werks gelesen habe:

Lutherbibel

Menschen führen – Leben wecken von Anselm Grün – 12. Auflage 2019

Disco König – Geld Sex Macht – Wie ich alles verlieren musste, um wirklich reich zu werden von Andreas Schutti mit Daniel Gerber – 2. Auflage 2019

Verbranntes Männerherz – Auf der Suche nach Männlichkeit von Michael Stahl – 1. Auflage 2012

The Big Five for Life – Was wirklich zählt im Leben von John Strelecky – 29. Auflage 2019

Beziehungsweise – Journal von Tobias Kenntner und Christoph Schneider – 1. Auflage 2019

Sport macht Schlau – Mit Hirnforschung zu geistiger und sportlicher Höchstleistung von Frieder Beck

Auch wenn diese Werke, den Inhalt dieses Buchs nur indirekt beeinflusst haben, möchte ich mich hiermit ganz herzlich bei den Autoren bedanken und deren Werke hiermit hervorheben.

Nachweise der Definitionen:
https://de.wikipedia.org/wiki/Mentalit%C3%A4t (Einsichtnahme: 20.12.2020)
https://www.duden.de/rechtschreibung/Mitglied (Einsichtnahme: 06.01.2021)
https://www.dwds.de/wb/Mitglied (Einsichtnahme: 06.01.2021)
https://de.wikipedia.org/wiki/Mitglied (Einsichtnahme: 06.01.2021)
https://de.wikipedia.org/wiki/Gemeinschaft (Einsichtnahme: 06.01.2021)
https://de.wikipedia.org/wiki/Soziale_Gruppe (Einsichtnahme: 06.01.2021)
https://de.wikipedia.org/wiki/One-Night-Stand (Einsichtnahme: 14.11.2020)
https://de.wikipedia.org/wiki/Qigong (Einsichtnahme: 07.01.2021)

Danksagung
Inspiring

Besonders wichtig ist mir das Thema Inspering[44]. Den ohne die Inspiration von verschiedenen Personen und Ereignissen wäre dieses Buch niemals zustande gekommen. Daher möchte ich mich insbesondere bei meinem Vater bedanken, zu welchem ich übrigens auch eine ganz besondere Männerfreundschaft habe. Die Geschichte vereint zwei wahre Begebenheiten in einer. Somit besteht die Geschichte zu Teilen aus realen Begebenheiten und zu Teilen aus Träumen und etwas Phantasie. Die Geschichte hat sich bereits mehrere Male in einer sehr ähnlichen Form abgespielt. Ohne diese erlebten Wochenenden wäre diese Idee und damit auch dieses Buch nicht möglich gewesen. Ein ganz großer Dank, geht an dieser Stelle an die Männer der EmK raus, die dieses Männerwanderwochenende einmal im Jahr möglich machen. Nicht nur die Gruppe an sich, sondern viele Individuen daraus haben mich geprägt[45] und damit auch indirekt dieses Buch beeinflusst.

Dieses Buch wurde aus dem Bedürfnis herausgeschrieben, Freundschaften wieder aufleben zu lassen. Ich möchte mit meinen Freunden selbiges erleben, wie ich es bereits auf dem Männerwanderwochenende erlebt habe. Da man nie weiß wie es tatsächlich wird, habe ich dieses Buch in der Hoffnung geschrieben, dass es eines Tages so

---

[44] Übersetzung Wortgetreu: inspirierend

[45] Hinweis: ein kurzer aber wichtiger Hinweis an dieser Stelle. Je unterschiedlicher und ausgeprägter die einzelnen Individuen sind, desto interessanter und lebendiger ist die Gemeinschaft.

sein wird. Grüße gehen an dieser Stelle raus.

Ein weiterer Faktor der mich inspiriert hat, war und ist die Teilnahme an zahlreichen Männertreffen und Vorträgen. An dieser Stelle möchte ich Dich, als Leser bewusst dazu ermutigen auf andere Männer zuzugehen um diese Gemeinschaft erleben zu können. Selten, aber dennoch möglich und unheimlich wertvoll ist die Teilnahem an kleinen Gruppen und Kreisen, die bereits eine solche Gemeinschaft praktizieren. Natürlich passt man nicht in jede Gemeinschaft, jedoch sollte man sich entmutigen entlassen, weiter nach einer passenden zu suchen. Falls Du keine passende Gemeinschaft findest, dann ermutige ich Dich auch an dieser Stelle Deine eigene Gemeinschaft zu gründen.

Nicht nur ich wurde über Jahre inspiriert, sondern hoffentlich auch Du. Trage auch Du ein Stück Hoffnung und Beziehung in diese Welt. Sei Du selbst eine Inspiration für andere.

Besonderer Dank

Ein besonderer Dank geht vor allem an folgende Individuen, Gruppen und Gemeinschaften:

Bei den einzelnen Individuen, sowie der gesamten Männer-Gemeinschaft, der EmK möchte ich mich für die bereits zusammen erlebten Wochenenden bedanken. Insbesondere war die Zeit geprägt von Benni, Martin, Peter, Peter, Peter, Peter, Rolf und Tommy. Nicht nur für dieses Buch, sondern für mein gesamtes Leben habt ihr mir eine wertvolle Prägung gegeben. Dafür möchte ich mich bei jedem einzelnen von Euch bedanken.

Ein besonderer Dank gilt ebenfalls meiner ehemaligen Kommilitonin Magdalena. Deine Art und Weise, hat mein Denken und meine Schreibweise zum Positiven verändert. So gelang es mir für gewisse Themen eine neue Perspektive einzunehmen, so auch für die Erstellung dieses Buchs. Magdalena, auch wenn du bis dato nichts von diesem Buch wusstest, danke ich Dir für alles.

Meinem besten, treusten und langjährigen Freund Johannes[46] geht allem dank voraus, was das Thema Freundschaft und Beziehung angeht. Johannes auch Dir, Danke für alles. Du weißt was wir alles miteinander erlebt haben, viele ups and downs[47] haben wir gemeinsam gemeistert. All das aufzuzählen würde den Rahmen sprengen. Daher sage ich danke, danke für alles und freue mich zugleich, auf die uns in der Zukunft bevorstehenden Ereignisse.

Der harte Kern Klaus, Paul, Chris, Nico und Johannes Euch allen möchte ich großen Dank aussprechen.[48] Ihr habt mir eine wertvolle Jugendzeit ermöglicht. Gerne blicke ich zurück, aber noch viel lieber blicke ich nach vorne. Besonders möchte ich mich auch für die Zeit im Garten, im 190er, Passat und Twingo bedanken. PS wir sehen uns im Garten oder noch besser direkt am Lago #casabelmonco. Hört ihr auch die Stimme, die leise aber deutlich flüstert: Lago Maggiore.

Nicht zuletzt möchte ich mich bei meiner lieben Familie bedanken. Meine Familie hat mich gemeinsam

---

[46] Deckname
[47] Übersetzung: Höhen und Tiefen
[48] Decknamen

durch viele Zeit begleitet. Ihre liebende Art und Weise hat maßgebend zu meiner Entwicklung und damit einhergehend auch zu diesem Buch beigetragen. Das rechne ich sowohl meinen Eltern, meiner Schwester, als auch meinen Großeltern hoch an. Die Liebe und die Unterstützung die ich von Euch erfahren habe, machten mich zu dem, der ich heute bin. Insbesondere meine Eltern haben mich durch meine Hochs und Tiefs begleitet und mich unterstützt und aufrechterhalten. Das Ergebnis ist, dass ich heute den Weg gehen kann, den ich mir aussuchen durfte.

Um die Privatsphäre zu wahren, wurden die erwähnten Personen lediglich mit dem Vornamen erwähnt. Teilweise wurden die Personen nur unter ihrem Decknamen erwähnt. Die betreffenden Personen wissen jeweils, dass sie gemeint sind.

Bekannte Persönlichkeiten die mich motiviert und inspiriert haben:

Michael Stahl (Herzenskämpfer, Autor, PROTACTICS®)

C.T. Flechter (Motivator, Bodybuilder, IRON ADDICTS GYM)

Flavio Simonetti (Fitness-Youtuber, Autor, Naturgewalt Podcast)

Marcus Schneider (Breitester Pastor Deutschlands, Influencer, Trainingszentrum MUTIG & STARK)

Leo Bigger (Pastor, Autor, ICF)

Schlusswort

Ich würde mich als eine ehr ruhige und bedachte Persönlichkeit bezeichnen. Mit diesem Buch ging ich dem Wunsch nach, meine eigenen Freundschaften zu stärken. Es entstand aus der Sehnsucht heraus, meine eigenen Freundschaften und Beziehungen zu vertiefen. Zudem wollte ich mit diesem Werk etwas an die Welt zurückgeben und sie ein Stück weit zu einem besseren Ort machen. Einige Personen und inspirierende Bücher, haben mich zu der Person gemacht, die ich heute bin. Außerdem wollte ich mir mit diesem Buch beweisen, dass man dann seine selbstgesteckten Ziele erreichen kann. Ich musste lernen Unterstützung von anderen bewusst anzunehmen. Den ohne die Hilfe und den Aufbau anderer Personen wäre dieses Werk nicht zustande gekommen. Ich wünsche Dir, dass Du Deinen Weg und Deine Beziehungen findest die zu Dir passen und im Einklang mit Dir selbst leben kannst.

Als Christ fühle ich mich verpflichtet an dieser Stelle noch eine wichtige Sache anzubringen. Du kannst alles was in diesem Buch steht vergessen, denn wahrer Frieden und Freiheit findest Du nur bei Jesus Christus. Eventuell helfen Dir ein paar Ideen aus diesem Buch, Dich auf den Weg mit dem allmächtigen Gott zu begeben.

Dein Autor.